111 Gründe, sich auf die Rente zu freuen

Hauke Brost

111 Gründe, sich auf die Rente zu freuen

Ein Loblied auf das, was nach der Arbeit kommt

Schwarzkopf & Schwarzkopf

INHALT

1. Warum Sie dieses Buch auch selber hätten schreiben können – Seite 11

Sie haben sich doch schon mit 13 auf die Rente gefreut – In Ihrer Firma zählt jedes Jahr doppelt, also sind Sie längst im Rentenalter – Sie wissen schon genau, was Sie auf Rente machen werden – Sie wollten doch immer schon mal ein Buch schreiben

2. Die letzten Jahre vor der Rente sind die allerallerschwersten – Seite 19

Die Chefs werden immer jünger, Sie nicht – Die Kumpels von früher sind alle längst auf Rente – Ab der fünfzehnten Fortbildung wird man etwas müde – Erstmals stellen Sie fest, dass es auch ohne Sie gehen würde – Ihr Chef hält Sie für überbezahlt – Ihre Frau meint, dass Sie kürzertreten sollten – Ihre Enkel lernen laufen und Sie sind nicht dabei – Plötzlich sehen Sie überall nur glückliche Rentner – Wer weiß denn, wie lange Sie es überhaupt noch machen?

3. Klar sind Sie noch fit, aber ... – Seite 35

Hier und da zwackt es schon mal – Natürlich haben Sie Rücken – Der Doktor meint auch, dass ... – Erstmals merken Sie Ihre Pumpe – Wäre doch viel gesünder, wenn Sie morgens nicht mehr so früh rausmüssten – Stress ist schlecht für alles – Gesundheit geht ja wohl vor Loyalität zur Firma – Alles nur Deppen! Das hält man doch im Kopf nicht aus – Sie sollten sich das wirklich nicht mehr antun – Lassen Sie doch mal die anderen schuften – Frühe Rente, langes Leben

4. Der Ausstieg kann ein Einstieg sein – Seite 59

Sie sind noch jung genug für alles – Endlich auf eigene Rechnung arbeiten – Dritte Zähne, drittes Leben – Alles schon gut vorbereitet – Allein die Vorfreude macht einen Heidenspaß – Jetzt zeigen Sie allen, was in Ihnen steckt – Die jungen Kollegen werden sich noch wundern – Vielleicht werden Sie sogar reich damit – Oder Sie lassen erst einmal die Seele baumeln

5. Das Reisen ist des Rentners Lust – Seite 79

Sie wollten doch längst schon mal irgendwohin – Es gibt da diesen Reisetraum – Immer wieder in die Kälte zurückfliegen müssen ist irgendwie blöd – Spanien ist ziemlich billig – Auf Teneriffa treffen Sie nur auf lachende Deutsche – Immer braun gebrannt – Auf den Kanälen bis nach Marseille, das geht! – Die Rente reicht fürs Wohnmobil – Reisen bildet – Zum Geburtstag Ihres Enkels fliegen Sie einfach nach Hause

6. Wenig Rente ist mehr wert als viel Gehalt – Seite 101

Sie brauchen einfach nicht mehr so viel – Endlich Zeit zum Schnäppchenjagen – Tschüs, Statussymbole – Große Wohnung muss auch nicht mehr sein – Dann ist da noch die Lebensversicherung – Was überflüssig ist, geht bei eBay weg – Den einen oder anderen Euro machen Sie noch nebenbei – Ihre Frau kocht jetzt viel billiger, und besser schmeckt es auch – Mit einer Rübe wären Sie früher nicht zufrieden gewesen – Sprit immer teurer, Sie lachen drüber – Tschüs, Parkplatzsuche – Lieber gratis kuscheln als teuer heizen

7. Ab in den Garten – Seite 123

Die ersten Wochen machen Sie erst einmal gar nichts – Dann machen Sie den Garten zur Chefsache – Alles muss neu geplant werden – In jedem Hobbygärtner steckt ein Gartenarchitekt – Wussten Sie eigentlich, dass Sie Gewächshäuser bauen können? – Sie entdecken Ihren grünen Daumen – Die Frau hat hier draußen nichts mehr zu sagen – Vom Segen einer eigenen Werkstatt – Achtung, der Nachbar rüstet auf – Hätten Sie vom Gärtnerglück gewusst, wären Sie schon längst auf Rente

8. Rente ist gut für die Liebe – Seite 143

Zeit für eine neue Frisur – Das Flitterwochen-Revival – Mit wem waren Sie eigentlich die ganzen Jahrzehnte verheiratet? – Männer auf Rente können sogar sprechen – Das Tanzen ist des Rentners Glück – Viele neue Freunde – Rentner-Sex ist einfach besser – Die Parkbank als solche wird weit unterschätzt – Rentner sind die besseren Partymacher – Von der Erotik eines Malkurses – Frauen auf Rente sind ganz schön übermütig

9. Endlich Zeit für die Familie – Seite 171

Die Enkel brauchen dringend ihre Großeltern – Dem Drei-Generationen-Haus gehört die Zukunft – Jetzt erfüllt sich Ihr Leben – Familienfeste werden jetzt erst richtig schön – Was immer Sie im Leben falsch gemacht haben, das machen Sie jetzt wieder gut – Die Schwiegertochter kann endlich wieder arbeiten gehen – Eben mal aushelfen, wenn es eng wird – Endlich Zeit für Ahnenforschung – Sie brauchen Jahre, um Ihre Weisheit weiterzugeben – Als Handwerker sind Sie echt unschlagbar

10. Jetzt mal von Frau zu Frau – Seite 195

Dem Kerl geben wir jede Menge zu tun, sonst halten wir ihn nicht aus – Ab Rente haben WIR die Fernbedienung – Er bringt uns das Frühstück ans Bett – Wir tragen die Rente zur Kosmetik – Einmal im Monat Friseur muss jetzt einfach drin sein – Beim Weiberabend darf er allein in die Kneipe, ansonsten gehen wir mit – Vom Segen des Kaffeekränzchens – Wellness-Hotel, ich komme – Je mehr Freiraum für jeden, desto besser die Ehe – ER darf dieselben Geschichten jetzt getrost hundertmal erzählen – Wir Frauen leben sowieso länger – Und eines Tages werden wir ihn sehr vermissen

11. Für alle, die jetzt immer noch dem Job nachtrauern – Seite 219

Ihr Platz ist längst besetzt – In Ihrer Firma kriegt gerade jemand einen Herzinfarkt – Ihr größter Widersacher, diese Niete, ist jetzt Chef – Ihre Firma zieht bald nach Polen – Ihre Firma wird demnächst zerschlagen – Sie werden schon wieder Oma und Opa – Sie sind der letzte Jahrgang mit anständiger Rente – Alte werden demnächst irgendwie entsorgt – Was für eine Freude, wenn die eigenen Erben lange Gesichter machen – Noch im Grabe werden Sie an dieses Buch denken – Sie können es ja doch nicht ändern – Die Vorfreude könnte sich verlängern – Und nun tun Sie's doch: Sie schreiben vielleicht ein Buch – Schlusswort

Vorwort

Es gibt Bücher, die schreiben sich quasi von selbst. Man muss sich nur hinsetzen, in sich hineinlauschen und aufschreiben, was man da so hört. Nach einer ganzen Reihe von Bestsellern schreibe ich jetzt also ein Buch übers Aufhören.

Nein, mein lieber Autor. Das ist Quatsch. Es geht gar nicht ums Aufhören. Es geht um etwas Neues, etwas Spannendes, etwas Unerhörtes, etwas noch nie Dagewesenes, es geht um eine Art Dauerurlaub mit Folgen – aber auch mit Risiken. Denn wer weiß schon, wie das wird, wenn man nicht mehr in die Firma muss / darf / kann (je nachdem, aus welcher Perspektive man das betrachtet)?

Manch einer fällt in ein tiefes schwarzes Loch, wenn er auf Rente ist. Es gibt Leute, die geben ihren Büroschlüssel ab und sind am nächsten Tag schon mausetot. Manche hingegen blühen erst richtig auf. Einen meiner Exchefs (Horst W.) traf ich Jahre nach seinem Ausscheiden zufällig auf der Straße und er sah zehn Jahre jünger aus als mit 65, war braun gebrannt und machte irgendwas mit griechischem Wein. Der Mann hat nur gelacht.

Ich werde jetzt etwas persönlich, obwohl Sie mich nicht kennen. Wenn dieses Buch erscheint, bin ich 62 Jahre alt. Einerseits schaue ich auf über 40 Jahre in ein- und demselben Beruf zurück. Eine Menge Chefs habe ich überlebt. Die heute am Ruder stehen, könnten allesamt meine Söhne sein. Und viele von ihnen haben bei mir gelernt.

Das macht mich einerseits stolz, aber andererseits: Ich glaub ja immer noch, dass ich in meinem Job der Beste bin. Auch wenn das außer mir sonst keiner so sieht. Eigentlich stecke ich sie alle in die Tasche. Andererseits schaue ich nach vorn und sehe eine ziemlich spannende und total neue Lebensphase vor mir. Die letzten 10, 20 oder 30 Jahre – wer weiß das so genau – kann ich mir nämlich jetzt schon als sehr aufregend vorstellen. Ich weiß auch genau, was ich dann machen werde:

Sehr viel mit meinen Neufundländern am Nordseestrand laufen, ein exzellenter Ehemann sein, viel mit meinem Trecker über die Insel Pellworm fahren[1], alle drei Tage meine Wiesen mähen, Golf spielen, Boot fahren, jedes Jahr einen Bestseller schreiben, meine Enkel hegen und pflegen, meine Unternehmung »Seebestattung für Tiere« zum Marktführer machen[2], meine Berufserfahrung an Youngster weitergeben[3], im Café meiner Frau als Tellerwäscher und Kellner arbeiten und irgendetwas bauen, das so noch niemand gebaut hat; hierfür habe ich bereits eine Kreissäge für den professionellen Bedarf angeschafft. Das erste Projekt wird mein Dachboden, aus dem ich ein Atelier der Luxusklasse machen werde. Nur für mich.[4]

Ach so, ich möchte auch viel relaxen, den SPIEGEL von vorn bis hinten durchlesen, malen, Mittagsschlaf halten, eine Sauna bauen und drin schwitzen, ein Gewächshaus bepflanzen und Tomaten ziehen, wirklich gute Freunde wie Andy, Menso, Marius und Ulf zum exzessiven Feiern einladen, grillen, Cello und Klavier spielen, Opern in Hamburg, Berlin und München genießen und vorher das Textbuch gelesen haben, die Winter in unserem Apartment auf Teneriffa verbringen, Nächte mit meinen Söhnen durchfeiern, einen Pool bauen und drin schwimmen, ein fettes Auto fahren, die Sonne aufgehen sehen und das alles möglichst noch mit hundert. Na ja, das sind so die bescheidenen Pläne. Von den hochtrabenden, visionären und etwas überzogenen Plänen möchte ich hier nicht sprechen.

Ich liebe meinen Job als Chefreporter bei einer großen Zeitung, aber ich freue mich auch unbändig auf die Rente. Wenn morgen einer kommt und sagt: Hier, alter Mann, nimm die Kohle und geh nach Hause, dann verneige ich mich dankbar und schließe meine Bürotür von außen zu.

---

1 Den Kenner freut's, es ist ein Deutz (D50, Baujahr 1965).
2 www.seebestattung-fuer-tiere.de
3 www.medienschule-pellworm.de
4 Meine Frau sagt, das putzt sie nicht auch noch. Aber kein richtiger Kerl hört auf seine Frau, wenn er einen guten Plan hat.

Leider kommt keiner und sagt das. Meine Chefs lieben mich irgendwie. Das habe ich über 40 Jahre gebraucht wie die Luft zum Atmen. Das war mein Lebenselexier. Jetzt bin ich mir nicht mehr so sicher, ob ich wirklich noch jeden Sonntag um Viertel nach zehn in der Redaktionskonferenz sitzen und kluge Vorschläge für die Montagsausgabe machen muss. Manchmal wäre es mir lieber, die Zeitung erst am Montag zu sehen und dann kräftig abzukotzen, weil sie *wieder einmal alles falsch* gemacht haben.

Ich bin genauso wie Sie. Denn auch Sie wissen alles irgendwie besser und ärgern sich über die Fehler der nächsten Generation. Sie und ich sind nun bald auf Rente. Aber was ist richtig? Was ist ein Irrtum? Was wird kommen? Was wird wahr? Was ist Spinnerei? Was macht der Körper mit dir? Was wird aus deiner Ehe, wenn du deinen Job nicht mehr hast? Was wird aus deinen Träumen, wenn du sie tatsächlich verwirklichen kannst? Was wird dir fehlen?

Das fragt sich nicht nur der Chefreporter. Das fragen sich die Kassiererin vom Supermarkt, die Putze vom Raststätten-WC, der Architekt, der Chefarzt, der Vorstandsvorsitzende, der Pförtner, die Altenpflegerin, der Kfz-Mechaniker, kurzum: Das fragt sich jeder. Na, dann schreiben wir doch mal ein Buch darüber.

Es wird ein Buch, das Sie vor der Rente lesen sollten. Es wird ein Buch, das Sie vielleicht verschenken möchten an jemanden, der auf Rente geht. Es wird ein Buch, das Sie bewegen wird, und das ist wörtlich gemeint: Womöglich »bewegt« es Sie in eine andere Richtung als bisher.

»111 Gründe, sich auf die Rente zu freuen.« Mein Problem ist nicht, 111 Gründe dafür zu finden. Sondern welche Gründe ich weglassen soll, damit das Buch in die »111er-Reihe« passt.[5] Na ja: Lesen Sie mal.

Hamburg / Pellworm, im Frühling 2011
Hauke Brost (www.haukebrost.de)

---

5 »111 Gründe, Hunde zu lieben« und »111 Gründe, Katzen zu lieben« – beide Bestseller aus meiner Feder – haben Sie hoffentlich schon gelesen und oftmals verschenkt …

1. KAPITEL

Warum Sie dieses Buch auch selber hätten schreiben können

Sie haben sich doch schon mit 13
auf die Rente gefreut

Das muss gewesen sein, als Sie Fußball spielen wollten und stattdessen Mathe-Hausaufgaben machen mussten. Oder als Ihre Busenfreundin die neue Barbie bekommen hatte und Sie sollten Ihr Zimmer aufräumen, bevor Sie Barbie gucken gehen. Noch wahrscheinlicher ist aber: Sie waren 13, als es begann. Die ersten Pickel, zum ersten Mal verliebt, zum ersten Mal gegen alles und vor allem gegen diesen verdammten Zwang, etwas machen zu *müssen*.

Es war ja nicht so, dass Sie nichts machen *wollten*. Es war das *Muss*. Wissen Sie noch, die Sache mit dem Müllwegbringen? Kein Mensch auf der ganzen Welt, auch kein 13-jähriger, möchte sein Leben inmitten eines Müllberges verbringen. Auch mit 13 weiß man, dass die Stadtreinigung mit ihren Mülltonnen und den festen Terminen, zu denen sie abgeholt werden, an und für sich eine ganz vernünftige Einrichtung ist. Aber diesen schrillen Ruf aus der Küche, der da lautete: »BRING DEN MÜLL RUNTER, UND ZWAR SOFORT!« – den haben Sie gehasst.

Sie haben den Zwang gehasst, alles sofort tun zu müssen, was Ihnen aufgetragen wurde. Und da haben Sie angefangen zu träumen. Von einer Welt, in der Sie alles tun *können*, aber nichts tun *müssen*. Bis es so weit sein würde, mussten Sie noch viele Zwänge durchleiden. Irgendwann standen Sie dann selber in einer Küche, mit genau diesem Ton, den Sie verabscheut hatten, und SIE waren es, diese schrille Stimme, das war IHRE Stimme: »BRING DEN MÜLL RUNTER, UND ZWAR SOFORT!« Aber das führt jetzt nicht weiter.

Ja, es war wohl mit 13, als Sie sich erstmals auf die Rente gefreut haben. Andererseits gibt es Menschen, die freuen sich schon vor dem Durchtrennen ihrer eigenen Nabelschnur auf die Rente. Sie kriegen einen Klaps auf den Po, sollen Luft holen, und was machen sie? *Gähn*. Noch ein Klaps. *Jetzt* schreien sie. Aber nicht, um Luft zu holen. Sondern aus Protest gegen die Tatsache, dass sie ab jetzt noch 65 Jahre oder sogar länger auf die Rente warten sollen. Hab ich doch gesagt: SIE, so viel steht fest, wären genau der richtige Autor bzw. die richtige Autorin für dieses Buch.

In Ihrer Firma zählt jedes Jahr doppelt, also sind Sie längst im Rentenalter

Zwangsläufig handelt dieses Buch in weiten Teilen vom leidigen Berufsleben. Deswegen wollen wir das Thema hier nur kurz anreißen (wir kommen noch oft genug darauf zurück …). Könnte es sein, dass Sie in einer absolut chaotischen Firma mit katastrophalen Führungsstrukturen und lauter Pfeifen in wichtigen Positionen tätig sind? Ist es nicht so, dass ohne Sie der Laden schon längst pleite gegangen wäre? Opfern Sie sich etwa nicht selbstlos für den Laden auf, und das seit Jahren, ruinieren Ihre Gesundheit, verzichten auf jegliches Privatleben und erheben immer wieder tapfer Ihre mahnende Stimme, aber keiner hört auf Sie? Ist in Ihrer Firma etwa die Weisheit von 30 oder 40 Berufsjahren noch gefragt?

Nein, das ist sie natürlich nicht. Junge geklonte Wesen von einem anderen Stern haben mit gegelten Haaren überm Kopfhörer vom iPhone und mit dem iPad in der schwarzen Umhängetasche den Laden längst übernommen. Diese Aliens haben zwar von nichts eine Ahnung, aber dafür wissen sie alles besser. Ihnen jedoch, Ihnen schlägt der Kummer um das Wohl der Firma derart auf den Magen, dass tatsächlich jedes Jahr in diesem Betrieb doppelt zählt.

Wenn Sie Ihre Lage aber einmal von dieser Perspektive aus betrachten, dann müssten Sie eigentlich schon längst auf Rente sein. Dann sind Sie ein Fossil, und die Firma ist vielleicht nur so was wie die »Truman Show«: ein riesiger Glaskasten, der extra für Sie gebaut wurde und in dem man Ihnen eine unsinnige Aufgabe nach der anderen stellt. Nur weil das die Firma billiger kommt, als Sie in echt auf Rente zu schicken.

Da draußen in der wahren Welt, da weiß vielleicht gar niemand von Ihrer Existenz. Wenn Sie ab morgen früh die Arbeit total einstellen würden, nicht mehr ans Telefon gehen, kein Werkzeug mehr in die Hand nehmen, Ihren Computer gar nicht erst anschalten und sich auf keinem einzigen Meeting mehr sehen lassen würden, wenn Sie nicht einmal mehr in die Kantine gehen und nie mehr in der Raucherecke stehen würden und Ihr Parkplatz bliebe leer: Würde das überhaupt jemand merken? Wie lange würde es dauern, bis jemand sagt: »Ach, was mir gerade einfällt: Was macht eigentlich XY?«

Achselzucken. Leere Augen, in denen ein totales gedankliches Vakuum erkennbar ist, schauen in andere leere Augen, in denen das totale gedankliche Vakuum noch deutlicher erkennbar ist. Diese leeren Augen kennen Sie gut. Sie gehören Ihren lieben Kollegen und Mitarbeitern. Wann immer Sie von denen Ehrgeiz, Kreativität, Engagement und Einsatz verlangt haben, bekamen Sie diesen leeren Blick zurück. Er galt nicht einmal Ihnen. Er war nicht einmal böse gemeint. Genauso schaut ein Schaf auf der Weide, wenn Sie am Zaun entlang spazieren gehen. Leer.

Dieses Mal jedoch gilt der leere Blick tatsächlich Ihnen. Man weiß einfach nicht, was aus Ihnen geworden ist. Irgendwann waren Sie einfach nicht mehr präsent. Sie waren zum Fossil geworden.

Und nun wachen Sie wieder auf aus dem bösen Traum. Ihr Büro ist natürlich nicht der Glaskasten aus der »Truman Show«. Zumindest noch nicht. Aber 111 Gründe, sich auf die Rente zu freuen und den Glaskasten endlich zu verlassen, die fallen Ihnen doch lässig ein. Sehen Sie? Auch darum wären Sie der ideale Autor für dieses Buch.

Sie wissen schon genau, was Sie auf Rente machen werden

Da sind Sie ja nun fast der Einzige. Die meisten sind doch dämlich. Die ackern bis zum letzten Tag, geben erst einen aus und dann ihren Büroschlüssel ab, haben keinerlei Plan und fallen, plumps, ins Rentenloch. Die gehen ihren Frauen auf den Keks, belästigen fremde Menschen mit Anzeigen wegen Falschparkerei, regen sich über faule Äpfel auf, die von Nachbars Baum übern Zaun gefallen sind, kloppen mit dem Besen gegen die Decke, wenn da oben mal gefeiert wird, sitzen blöd auf der Parkbank, schwärmen dort von ihren tollen Erfolgen von vor hundert Jahren und sehen jeden Monat ein Jahr älter aus, also in einem Jahr sind die nicht 66, sondern gefühlte 78.

Sie doch nicht! Sie haben einen guten Plan. Schon mit 35 oder 40 haben Sie das Rentenloch so zuzementiert, dass nicht mal eine Maus mehr hineinfallen könnte. Geschickt haben Sie sich die Connections aus Ihrer beruflichen Hochphase warmgehalten, um daraus am Tag X ein richtig geiles Geschäft zu machen. Vernetzt sind Sie ohne Ende. Die ganze Branche wartet nur auf den Tag, an dem Sie endlich auf Rente gehen. Dann mischen Sie den Laden auf. Dann sind Sie endlich Ihr eigener Chef. Dann werden Sie es den ganzen Nieten zeigen, Sie werden durchstarten, aber endlich auf eigene Rechnung, und Ihr Know-how geht zu 100 Pro in Ihre Kasse, Sie werden wahrscheinlich der King in Ihrem Gewerbe, oder Sie haben längst eine ganz andere Geschäftsidee im Kopf, mit der Sie die Welt verblüffen werden. Wer sollte eigentlich dieses Buch schreiben, wenn nicht Sie?

Sie wollten doch immer schon mal ein Buch schreiben

Wir sind schon mittendrin im Thema; merken Sie das auch gerade? Wenn Sie erst mal auf Rente sind, dann haben Sie endlich Zeit für Ihre Memoiren. Wenn *das* kein Grund ist, sich auf die Rente zu freuen! Jeder hat schon mal gesagt: »Was ich alles erlebt habe, also, da müsste ich dringend mal ein Buch draus machen!« Ganz egal, ob man Fernfahrer, Aldi-Kassiererin oder Chefarzt ist: Im Laufe der Jahre kommt ein Fundus von Geschichten zusammen, das glaubt einem gar keiner. Auf Rente haben Sie endlich Zeit dafür. Und wenn es täglich nur ein paar Seiten sind – schreiben macht einfach unglaublich viel Spaß.

Zwar gibt es am Ende noch ein kleines Problem zu lösen, denn zwischen Ihnen und dem Millionenpublikum steht die Suche nach einem passenden Buchverlag (den man erst einmal finden muss), aber es gibt ja zum Glück das Internet (Ihr Buch als iBook fürs iPad wäre doch ein Knaller) und »Books on demand« sind auch nicht so übel. Ja: Sobald Sie auf Rente sind, schreiben Sie Ihre Memoiren.

2. KAPITEL

Die letzten Jahre vor der Rente sind die allerallerschwersten

Grund Nr. 5

Die Chefs werden immer jünger, Sie nicht

Sie gehören natürlich nicht zu denjenigen, die ständig »früher war alles besser« murmeln. Aber geben Sie ruhig zu, dass es Ihnen manchmal verdammt weit vorn auf der Zunge liegt (uns hört hier ja keiner zu).

Es ist ja auch nicht *nur* falsch. In vielen Betrieben haben die Controller das Sagen. Immer weniger Leute kriegen immer mehr Aufgaben. Wo eine Kundenberatung für einen Umsatz von 50 Pfennig früher schon mal zehn Minuten dauern durfte, dort wird der Kunde heute gar keinen finden, der ihn berät. Weil keiner mehr da ist. Und wenn, dann ist es jemand ohne die geringste Fachkenntnis.

In großen Firmen ist nicht mehr der Kunde König, sondern der Aktionär. Nur »Shareholder Value« zählt. Wer anruft, weil er mit der Ware nicht zurechtkommt, der landet bei einer gebührenpflichtigen 0180er-Nummer im outgesourcten Servicepool.

Der jüngere Kollege, den man Ihnen vor die Nase gesetzt hat, findet das alles ganz normal. Woher soll er auch wissen, was Sie zunehmend bedenklich stimmt: dass nämlich »früher« tatsächlich andere Regeln galten? Dass Menschen wichtiger waren als Bilanzen?

Das Problem ist: Sie haben nicht mal ein konkretes Feindbild, sondern nur so ein unbestimmtes Bauchgrimmen. Ihr Chef kann ja auch nichts dafür. Die Zeiten sind halt schwierig geworden. Es muss alles irgendwie mit der Globalisierung zusammenhängen. Erstmals stellen Sie erschrocken fest, dass Sie die jungen Leute heute nicht mehr um ihre Jugend beneiden. SIE möchten sich heute nicht noch mal hocharbeiten müssen, stimmt's?

Das ist ein ganz interessanter Gedanke. Denn früher waren die Alten ganz scharf darauf, sich ihre Jugend zurückzuholen. Willy Schneider sang es: »Man müsste nochmal 20 sein ...« Haha! 20 möchte heute keiner mehr sein, der kurz vor der Rente steht! Sechs Jahre studieren und dann Taxe fahren? Oder gleich Hartz IV? Das eigene Kind siebenmal umschulen, weil die Firma immer weiter nach Osten zieht? Zehn Jahre später, also mit 30, vor 20-jährigen Controllern buckeln? Die fünfzehnte Umschulung machen? Nee, nee, lasst mich in Ruhe damit.

Es ist nicht witzig, heute jung zu sein, und es ist gut, dass wir, also die Leute so um die 60, die kommenden Dramen entspannt von oben betrachten können. Deutschland wird irgendwann sowieso geflutet, Sylt zerbricht in zwei Teile, Christen sind eine mehr oder weniger verfolgte Minderheit, schlecht entsorgter Atommüll rottet die Menschheit aus, der Euro steht nur noch in den Geschichtsbüchern und wer Geld verdienen will, muss nach Afrika umsiedeln. (Die Chinesen sind schon da. Dort wird demnächst produziert, aber Sie müssten dann einen Sprachtest in Akan bestehen, sonst kommen Sie nicht rein.) Möchten Sie das?

Wenn Sie darüber nachgedacht haben, ist die nächste Erkenntnis nicht weit. Die lautet: Eigentlich passen Sie schon lange nicht mehr in diese verrückte Zeit. Jetzt fangen Sie an, sich richtig auf die Rente zu freuen, hab ich nicht recht?

Die Kumpels von früher sind alle längst auf Rente

»Na, und du? Wie lange hast du noch?« Wenn Sie das gefragt werden, und Sie *sind* es schon gefragt worden, dann wird es langsam einsam um Sie. Zählen Sie mal auf, wer noch da ist von der alten Gang: Sie werden mit einer Hand auskommen. So langsam sind Sie der Letzte, der noch übrig geblieben ist aus der guten alten Zeit. SIE machen das Licht aus.

Aber wollen Sie wirklich der *Allerletzte* sein? Die meisten Kumpels waren irgendwie schlauer als Sie, oder risikofreudiger, oder die hatten weniger Verpflichtungen, oder sie waren konsequenter, jedenfalls haben sie nicht erst mit 65 oder sogar noch später in den Sack gehauen. Es kommt der Tag, und für Sie ist er nicht mehr fern, wo Sie sich fragen werden: Was ist eigentlich besser? Mit 58 oder sogar noch früher aufhören, dafür auf ein bisschen Geld verzichten, oder bis zum Ende durchziehen und eventuell mit etwas Pech gar nichts mehr von der Rente genießen können?

Gibt es eigentlich Leute, die zu früh nach Hause gegangen sind? Oder gibt es nur welche, die schon viel früher hätten gehen sollen?

Na ja: Es gibt natürlich welche, denen ihr Abschied sehr schnell sehr leid tut. Weil sie nichts mit sich anzufangen wissen und weil sie ihren ganzen Lebenswert aus ihrer Firma bezogen haben. Das sind jedoch Fehler, die *Sie* niemals machen würden. Für Sie gilt: zu lange im Job geblieben. Das werden Sie spätestens dann feststellen, wenn man Ihnen den Hausausweis abnimmt und Sie zwangsweise vor die Tür setzt.

Ab der fünfzehnten Fortbildung
wird man etwas müde

Die Zeiten ändern sich schneller, als der Mensch das verkraften kann. Wenn Sie zum Beispiel in der Kommunikationsindustrie arbeiten, kommen Sie der rasanten Entwicklung kaum noch hinterher. Eine Fortbildung jagt die nächste. Sie müssen in kürzester Zeit ein derart gewaltiges Pensum in sich hineinstopfen, dass Ihnen Hören und Sehen vergeht. Sie sind aber nicht mehr so aufnahmefähig wie einer mit 25 oder 30 Jahren, Sie brauchen länger, es geht weniger in Ihren Kopf hinein, Sie lernen langsamer, Sie haben Gedächtnis- und Konzentrationsprobleme, Sie schweifen in Gedanken häufiger ab als früher und Sie fragen sich immer öfter: Muss ich mir das wirklich noch zumuten?

Ihre Ergebnisse werden bewertet, das geht in die Personalakte, ohnehin soll jeder Zehnte in den nächsten Jahren rausgespart werden, und der Firma wäre es ganz recht, wenn sie mit Ihnen anfangen könnte. Freiwillig natürlich. Es zwingt Sie ja keiner.

Aber Fortbildungsseminare, mit deren Tempo ein Mensch von Ende 50 oder Anfang 60 gar nicht mehr mithalten kann, sind ein erprobtes und, wie ich vermute, oftmals auch ein ganz bewusst eingesetztes Folterinstrument. Sie selbst haben es vielleicht noch nicht begriffen, aber Ihr Körper schon. Sie schlafen schlechter als früher, die Firma verfolgt Sie manchmal bis in die Träume, Ihr Magen ist nicht mehr so robust, manchmal haben Sie sogar Bauchweh, Sie sind gereizter, Ihre Ehe leidet und – ja, sagen Sie mal: Ist das etwa kein Grund, sich auf die Rente zu freuen?

Erstmals stellen Sie fest,
dass es auch ohne Sie gehen würde

Wenn etwas nicht läuft, dann fragt man Sie. Wer ein Problem hat, der kommt zu Ihnen. Muss etwas geregelt werden: Sie machen das. Wer zum Teufel soll die Firma retten, wenn Sie auf Rente sind?

Erst neulich hat der Chef gezeigt, dass er das selber auch so sieht. Hat er Ihnen nicht zu verstehen gegeben, dass Sie absolut unentbehrlich sind? Endlich hat er kapiert, wer hier der wahre Leistungsträger ist! Zwar hat er Ihnen nicht gleich mehr Gehalt versprochen, und eigentlich hat er es auch nicht so deutlich gesagt, aber Sie haben ihm ganz klar angesehen, dass er eines begriffen hat: Ohne SIE läuft hier nichts. Ja, der weiß, was er an Ihnen hat.

Selbst der aufrichtigste Mensch neigt dazu, jemanden zu belügen. Und wissen Sie auch, wen man ständig belügt? Sich selber. Was Sie eben gelesen haben, ist nämlich ausgemachter Käse. Und irgendwann wird Ihnen das bewusst. Es wäre natürlich schlimm, aber es ist sehr oft tatsächlich so, dass erst eine *Krankheit* Ihnen die Wahrheit vor Augen führt.

Sie liegen im Bett und Ihre Gedanken kreisen ständig um das Wichtigste, was Sie derzeit haben (außer Frau, Kinder, Enkel usw.): die Firma. Ihr Handy ist an, das Festnetztelefon liegt auf dem Nachttisch, und in Ihre tiefe Sorge, wie der Betrieb ohne Sie weiterlaufen soll, mischt sich eine gewisse verschämte (und allzu menschliche) Häme: Nun sollen die doch mal sehen, wie sie zurechtkommen! *Das* kann ja ein Chaos geben! Sie konnten ja nicht mal eine korrekte Übergabe machen! Die wissen doch gar nicht, was läuft! Die rufen bestimmt gleich an. Noch heute. Na, dann morgen. Die sind sich wohl zu fein, um anzurufen? Die lassen lieber die Firma in die Grütze gehen! Typisch Kollegen. Wursteln vor sich hin, anstatt dass sie mal anrufen. Oder ist kein Empfang? Doch, fünf satte Striche. Festnetz geht auch, jedenfalls ist ein Amt da. Na, sollen die doch. Werden schon sehen. Sie selber sind jetzt mal ganz egoistisch. Genau so, wie der Arzt und die Frau das wollen. Erst mal auskurieren. Ja nicht zu früh aus dem Bett. Mal an was ganz anderes denken. Mal wieder ein Buch lesen. In der BILD nicht nur den Sportteil, sondern auch mal die Seite zwei mit der Politik und was sonst noch passiert ist. Kreuzworträtsel. Einfach mal so tun, als wenn Sie schon auf Rente wären.

Das ist im Moment etwas ungewohnt, denn die Firma zieht Ihre Gedanken immer wieder an wie der Nordpol die Magnetnadel. Das mit der Entspannung ist im Moment noch nicht Ihr Ding. Das fällt noch ziemlich schwer.

Viel früher, als Arzt und Frau das wollen, lassen Sie sich wieder gesundschreiben. Sie sind schließlich kein Typ zum Hände-in-den-Schoß-Legen. Sie haben eine Aufgabe. Und genau zu der zieht es Sie wieder hin. »Na Leute? Wo steht das Klavier? Wo soll ich anfangen? Was habt ihr alles versaut inzwischen?«

Die lieben Kollegen grüßen freundlich, wenden sich wieder ihrer Arbeit zu und machen weiter, als wären Sie gar nicht weg gewesen. Der Chef fragt, ob Sie wieder auf dem Damm sind, aber viel Zeit hat er nicht. Sie scheren wieder in Ihren Alltag ein und haben auch gleich richtig viel zu tun, und das, genau das ist der Grund, warum Sie am ersten Arbeitstag nach Ihrer Krankheit das Wichtigste glatt übersehen: dass kein Mensch Sie wirklich vermisst hat.

Wenn Sie eine gute Ehe führen, dann werden Sie abends mit Ihrer Frau darüber sprechen. Die meisten Männer werden es jedoch mit sich selber ausmachen: im Stau, beim Gassigehen mit dem Hund, allein im Hobbykeller, vielleicht am Tresen der Stammkneipe. Da ist zunächst nur ein dumpfes Gefühl, das man ungern zulässt. Es ist wie ein beginnender Schnupfen: Erst achtet man nicht so drauf, dann wird er stärker, lässt sich nicht mehr ignorieren und man stellt fest: Es hat dich erwischt.

SIE hat eine Erkenntnis erwischt, die zunächst äußerst unschön ist und die Ihr Leben verändern wird. Ob zum Positiven oder zum Negativen, das wird sich erst noch herausstellen. Diese Erkenntnis heißt: Du bist absolut ersetz- und austauschbar.

Grund Nr. 9

Ihr Chef hält Sie für überbezahlt

Wer lange dabei ist und richtig gute Arbeit leistet (so wie Sie), der klettert in der Firmenhierarchie langsam nach oben. Immer weiter. Stufe für Stufe. Doch irgendwann ist eine Stufe erreicht, wo man ahnt: Höher wird es nicht mehr gehen! Du bist jetzt so weit oben, wie du kommen kannst. Von nun an wird alles so bleiben, wie es ist, oder – nein, was jetzt gedacht werden müsste, das denkt man eben nicht: dass es nämlich auch mal andersherum gehen kann, also wieder abwärts. Man richtet sich ein da oben an der Spitze und man glaubt, dass es für immer ist. Das ist es aber nicht.

Die Firma wird verkauft, die Neuen bringen ihre eigenen Leute mit und man wird langsam nach unten weggedrückt. Kriegt einen ehrenvollen Titel, ein paar Quadratmeter mehr, und natürlich behält man das alte Gehalt sowie alle anderen Privilegien, die man sich mühsam erarbeitet hat. Man findet das nicht unbedingt gut, weil man ja immer noch eine Spitzenkraft ist, aber was soll man machen – die Zeiten sind eben so, und nicht immer behalten die Besten die besten Jobs. Vielleicht würden andere hinschmeißen, aber man selbst doch nicht. Viel zu groß ist die Loyalität, und dann ist da ja auch noch der eigene Stolz.

Man sitzt und sitzt und sitzt und verdient ungefähr so viel wie drei von den jungen Leuten, die sie jetzt frisch von der Uni holen und die alle nur noch Zeitverträge kriegen, die ausgenutzt und geknechtet werden und die mit 25 schon sehr alt aussehen. Übrigens sehen sie alle gleich aus. Das ist so bei der heutigen Generation. Alles Geklonte. Keine Individuen. Aber egal.

Jetzt kommt Ihr Chef ins Spiel. Er könnte Ihr Sohn sein, er ist auch kein Schlechter, er hat Respekt vor Ihrer Lebensleistung und zählt sogar zu Ihren Bewunderern, aber wer sitzt ihm im Nacken? Eben: die Controller. Die kürzen ihm eine Stelle nach der anderen. Für jeden, den er holt, muss er zwei feuern. Nachts brütet er über seinem Stellenplan. Wundert es Sie, dass er irgendwann auch mal über *Ihr* Gehalt stolpert?

Blöderweise ist es genau die Phase, in der Sie erstmals in Ihrem ganzen langen Berufsleben etwas kürzertreten möchten. Das heißt: Sie stehen nicht mehr für jeden Kleinkram zur Verfügung, sondern Sie konzentrieren sich als »Elder Statesman« auf das Wesentliche und leisten es sich auch schon mal, hin und wieder Nein zu sagen. Was flüstert der Chef da vor sich hin?

»Drei junge Leute krieg ich für diesen alten Mann, der sowieso nicht mehr die volle Leistung bringt.« »Ein Leben in Ehren, keine Frage. Aber muss der sein Gnadenbrot ausgerechnet bei mir kriegen? Wo sie mir im Nacken sitzen wie nix Gutes?« »Verdammt, ich hab den geerbt, und der bleibt, bis er 65 ist.« »Ganz schön teuer, der Mann. Und dann die vielen Privilegien, wo er die wohl herhat. Welcher Depp hat ihm die gegeben?«

Der Junge wird Ihnen das niemals ins Gesicht sagen, aber Sie werden es spüren. Sie sind ja nicht blöd. Im Gegenteil. Sie haben in all den Jahrzehnten gelernt, die Gefühle Ihrer Kollegen im Voraus zu spüren und den leisesten Stimmungsumschwung wie ein Seismograf zu registrieren. Man macht Ihnen nichts mehr vor. Ab sofort wissen Sie also, dass man eine Etage über Ihnen schon eiskalt ohne Sie plant. Ihr Countdown läuft. Und was Sie jetzt machen, jetzt, in diesem Moment: Das hängt von Ihrem Naturell ab.

Sie können mit einer satten Abfindung nach Hause gehen; nie war die Gelegenheit dafür besser als heute. Oder Sie machen weiterhin Go-slow und freuen sich einfach auf Ihre Rente. Zu Risiken und Nebenwirkungen fragen Sie Ihren Arzt oder Bankberater.

Ihre Frau meint,
dass Sie kürzertreten sollten

Hier eine kleine Zwischenbemerkung. Dies ist wirklich kein Buch nur für Männer kurz vor der Rente, sondern es ist ebenso eins für Frauen in der gleichen Situation. Es würde sich jedoch sehr ermüdend lesen, wenn ständig von Mann / Frau die Rede wäre, von ihm / ihr usw. Deshalb ist der Arbeitnehmer kurz vor der Rente in diesem Buch fast immer ein Mann. Die Frauen werden es dem Autor verzeihen, zumal Frauen, wenn sie es so lange im Arbeitsleben ausgehalten haben, im Laufe der Zeit sowieso zwangsläufig viele männliche Eigenschaften angenommen haben (Ellenbogen, Leute wegbeißen, zur Not auch schleimen usw.).

Also: Ihre Frau meint, dass Sie kürzertreten sollten. Vielleicht hat sie recht, vielleicht auch nicht. Letztlich müssen Sie das ja sowieso selbst entscheiden. Aber wenn Ihre Frau Sie drängt, dann könnten Sie doch mal gemeinsam mit ihr überlegen, was denn nach dem Tag X überhaupt passieren soll! Leider gibt es viele Ehen, in denen darüber gar nicht gesprochen wird.

Tag X ist natürlich der erste Tag, an dem Sie auf Rente sind. Sie beide haben nun mit Glück noch mindestens zwei Jahrzehnte gemeinsam. Da Sie Ihr ganzes Leben malocht haben, kommt nun eine absolute Premiere. Sie haben nämlich noch nie mit Ihrer Frau zusammengelebt, ohne dass Ihr Job mit am Frühstückstisch gesessen hat. »Jetzt noch 'n Kaffee, und dann ins Büro«, das war all die Jahre so. »Jetzt noch 'n Kaffee, und dann ...« Ja, was dann?

Wir kommen in diesem Buch noch mehrfach darauf zurück, denn »Rente und Ehe« ist natürlich ein großes Thema. Aber schon an dieser Stelle muss man deutlich sagen, dass ein Gespräch mit Ihrer Frau über die Zeit nach dem Tag X niemals zu früh geführt werden kann. Vor allem dann nicht, wenn sie ohnehin schon aufs Kürzertreten drängt, während Sie noch richtig kräftig Gas geben in der Firma. Vielleicht bringt Ihre Frau Sie ja auf ganz neue Ideen, die Ihnen den Abschied versüßen und vielleicht sogar die Vorfreude auf den Tag X erheblich steigern könnten.

Also, Sie beide sitzen nun entspannt auf dem Balkon, die Gute hat Ihnen ein kühles Bier gebracht, und nun reden Sie über den Tag X. Was denn dann eigentlich passieren soll mit Ihnen. Vielleicht scherzen Sie: »Du würdest mich doch gar nicht aushalten den ganzen Tag.« Sie sagt: »Ich möchte endlich mal reisen.« Vor Ihrem geistigen Auge schwindet die Rente dahin, Ihre Gattin schwebt in den Armen des Kapitäns in der schneeweißen Uniform auf dem »Traumschiff« durch den Salon der »MS Deutschland«, Sie hingegen würden sich eher (und kostengünstiger) mit der Angel am Teich sehen, neben Ihnen eine Kiste Bier und hinter Ihnen der aufgespannte Regenschirm für den nächsten Schauer, aber das behalten Sie jetzt besser für sich, stattdessen lassen Sie sich natürlich auf die Urlaubsdebatte ein, und Urlaubsdebatten mit Ehefrauen können dauern, also wird die eigentliche Frage, was denn nun aus Ihnen beiden werden soll nach dem Tag X, erst einmal verschoben.

Aber es kann gut sein und es ist sogar sehr wahrscheinlich, dass Sie sich abends im Bett, wenn Ihre Frau schon schläft, zum ersten Mal so richtig auf die Rente freuen. Denn irgendwie wären Sie ja auch ein bisschen stolz, wenn der Kapitän der »MS Deutschland« Ihre Frau zum Tanz auffordert. Ist ja vielleicht auch ein Fotograf in der Nähe, der dann ein Foto macht von den beiden. Nur so, für die Nachbarn. Mannomann. Geil, oder?

Ihre Enkel lernen laufen und Sie sind nicht dabei

Da haben wir jetzt einen Nerv getroffen, richtig? Viele werden heutzutage erst kurz vor der Rente Opa. Die jungen Frauen kriegen ihre ersten Kinder ja ungefähr zehn Jahre später als noch vor 20 Jahren, statistisch betrachtet. »Spätgebärende« gibt es auch immer öfter. Das ist zwar eine katastrophale Wortschöpfung, aber so nennt man die nun mal. Manche sind sogar schon fast 40, wenn sie ans erste Kind denken.

Na ja. Wir Älteren haben dafür nicht unbedingt das totale Verständnis, aber wichtiger ist: Wir werden Opa! Zum ersten Mal. Irgendwie blöd, dass wir noch voll im Job drin stecken. Mannomann, was würden wir uns kümmern! Nächtelang hängen wir am Telefon und lassen uns jeden Pups genauestens erklären. Natürlich wissen wir alles viel, viel besser als die jungen Leute. Natürlich machen sie alles anders, als wir das machen würden. Da müssen wir dringend hin, da werden wir wirklich gebraucht. Man kann doch so ein kleines, hilfloses Wesen nicht dieser ausgeflippten Internet-Generation überlassen, die glaubt, dass eine PlayStation pädagogisch genauso wertvoll ist wie Mensch-ärgere-Dich-nicht-Spielen!

Da läuft was gründlich schief, wenn wir uns nicht umgehend sofort selbst um unser erstes Enkelkind kümmern. Also müssen wir dabei sein. Ganz selbstverständlich würde jeder frischgebackene Opa sofort 1000 Kilometer am Stück fahren, um sein Enkelkind selber wickeln zu dürfen. Dagegen spricht jedoch, dass sich der frischgebackene Opa leider Tag für Tag in der Firma einzufinden hat, und zwar pünktlich. Als wenn es nichts Wichtigeres als die Firma gäbe. Plötzlich ist sie so unglaublich unwichtig geworden. Wie viele Tage sind das eigentlich noch bis zur Rente? Können wir schon ein Metermaß abschneiden, jeden Tag einen Zentimter?

Plötzlich sehen Sie überall nur glückliche Rentner

Man kennt das von Schwangeren: Die sehen überall nur Schwangere, an jeder Ecke. Wer sich einen Smart kauft, der stellt überrascht fest, dass offenbar plötzlich jeder Zweite einen Smart fährt. Kurz vor der Rente geht Ihnen das genauso. Die Welt ist plötzlich voller Rentner, denen es durchweg gut zu gehen scheint. Ist Ihnen früher nie so aufgefallen. Es liegt wohl daran, dass Sie plötzlich eine Antenne für Rentner haben.

Draußen ist es tierisch heiß, und in Ihrem Büro halten Sie es nicht mehr aus. Also schließen Sie Ihr Zimmer ab, fahren in den Park, setzen sich in den Schatten, packen Ihren Laptop aus und arbeiten von hier aus weiter. Das geht wunderbar. Die eine oder andere elektronische Errungenschaft dieser ansonsten total verrückten und aus den Fugen geratenen Welt wissen Sie ja durchaus für sich selbst zu nutzen, auch wenn Sie schon weit über 50 sind. Sie können zum Beispiel eine Tabelle erstellen, Konzepte schreiben, Mails lesen und Grafiken bearbeiten, auch wenn Sie unter einem Baum im Stadtpark sitzen. Da sind mehrere Bänke. Auf denen sitzen – Rentner.

Der eine hat seinen Hund dabei. Seine Augen funkeln vor Freude, als er Ihnen von dem Tier erzählt. Er stammt aus Masuren, hat seinen Hund auch genau dorther, und überhaupt, Masuren. Wenn man dem Rentner glaubt, ist Masuren schöner als Sylt und Rügen zusammen. Erst seit er auf Rente ist, kann er seine Heimat so richtig entdecken. Und auf dem Grund des Sees, an dem er immer mit seinem Hund angeln geht, liegt noch das kaputte Ruderboot von seinem Opa, also das liegt da schon seit 80 Jahren, und als Vierjähriger war er schon dort, und jetzt eben wieder und zwar mindestens dreimal im Jahr. Und er fährt auch noch die ganze Strecke. Nur eben nicht mehr in einem Stück. Sie sehen einen glücklichen Rentner mit einer kernigen Lebensgeschichte und einem »Back to the roots«-Traum, den er auch noch verwirklicht. Masurenland, ich komme.

Am nächsten Tag ist es immer noch tierisch heiß, aber dieses Mal nehmen Sie Ihren Laptop mit an den großen Fluss. Sie kennen da eine schattige Stelle, wo man nachmittags einigermaßen kühl auf einer Bank sitzen und arbeiten kann. Am Ufer steht – ein Rentner. Der angelt auf Zander. Rasch kommen Sie mit ihm ins Gespräch, denn so schweigsam, wie man immer glaubt, sind Angler gar nicht. Der Rentner erzählt Ihnen mit strahlenden Augen, wie geil er das findet: In der Firma malochen sie wie bekloppt, und er kann hier den ganzen Tag auf Zander angeln. Nur still rumsitzen und gar nichts tun sei nicht so sein Ding, sagt er. Aber beim Angeln auf Zander musst du ja aktiv sein. Als Köder dient ihm ein kleiner Gummifisch. Der muss durchs Wasser preschen. Sonst beißt der Zander nicht. Sein bisher größter war über einen Meter lang. Zwei schöne Filets, und noch was zum Einfrieren. Eigentlich fängt er jeden Tag was. Also heute bestimmt auch. Aber das Anglerglück ist nicht so mit dem Angler. Irgendwann packt er glücklich seine Angel ein und sagt, na gut, dann eben morgen. Und tschüs. Man sieht sich.

Und Sie denken so klammheimlich bei sich, während Sie vielleicht noch eine rauchen und aufs Wasser gucken: Zwei Tage, zwei glückliche Rentner, der eine fährt bald wieder nach Masuren und der andere hat sein Glück beim Angeln gefunden, und was hast du? Du hast deinen Laptop und schaltest niemals ab. Na, super.

Und dann überlegen Sie, ob Sie nicht vielleicht doch etwas falsch gemacht haben. Ob Ihre Lebensplanung optimal ist oder ob Sie daran etwas verbessern könnten. Einfach die Zeit verlängern, in der Sie ohne jeden Druck das machen, was Sie schon immer machen wollten. Auf Zander angeln, ins Masurenland reisen? Motorrad fahren, ein Boot kaufen? Was oder wer hindert Sie denn daran? Und plötzlich freuen Sie sich schon wieder ein bisschen mehr auf die Rente.

Wer weiß denn, wie lange Sie es überhaupt noch machen?

Exkollegen, die es soeben noch bis zur Rente geschafft haben und dann verstarben, sind ein beliebtes Thema in jeder Firmenkantine und aus nachvollziehbaren Gründen vor allem in den Raucherecken. Alle machen ein ernstes Gesicht, wiegen bedenklich die Köpfe und drücken mit finsteren Beileidsbekundungen ihr Mitgefühl aus: »Pech gehabt, der arme Kerl!« »Der hatte nicht viel von seiner Rente.« »Ein Leben lang malocht und dann so was?« »Und er hatte doch noch so viel vor ...«

Einer erzählt, dass der Nachbar von seinem Schwager einen kannte, der genau an dem Tag, wo er auf Rente ging, dahingeschieden ist. »Peng, aus, Schluss. Das Herz.« Da fast jeder einen Schwager hat, dessen Nachbar mal jemanden kannte, folgt sofort die nächste grauenvolle Geschichte über den frühzeitigen Rententod. Mit schwermütiger Miene gehen die Kollegen wieder an die Arbeit. Ob Sie wohl der Einzige sind, der wenigstens für einen kurzen Moment einen Blick in die eigene dunkle Zukunft versucht? Wie lange werden Sie das Rentenalter überleben? Werden Sie 65, 75, 85, 95, oder schlagen Sie Jopie Heesters? Und in welcher Verfassung werden Sie sein?

Nicht lange nach dem deprimierenden Gespräch in der Kantine oder in der Raucherecke treffen Sie in der Nähe Ihrer Firma einen alten Mann, der sich schwer an seinen Krücken dahinschleppt und für 100 Meter Bürgersteig fast eine halbe Stunde braucht. Sie schauen ihm kurz ins Gesicht, stutzen und stocken. Das ist doch nicht etwa ... Er ist es. Ein Kollege Ihres Jahrgangs, der vor zwei Jahren einen Schlaganfall erlitt und den Sie seitdem nicht mehr gesehen haben. »Mensch, du ...« Die Frage »wie geht's dir« verbietet sich: Sie sehen ja, wie es ihm geht. Er hat mal wieder die alte Firma besucht. Ein Tagesausflug für ihn. Obwohl er gar

nicht weit weg wohnt. Er spricht kaum verständlich. Er ist am
Ende. Für Sie ist das ein Schock. Der Exkollege hätte niemals damit gerechnet, dass ihn das Schicksal eines Tages so hart treffen
würde. Sie rechnen auch nicht damit. Die Frage ist jedoch, welche
Konsequenzen Sie aus alledem für sich selber ziehen. Mal ganz
ernsthaft gefragt: Wollen Sie nicht spätestens jetzt damit anfangen,
sich auf die Rente zu freuen? Wir wären damit ganz dicht dran am
nächsten Kapitel …

3. KAPITEL

Klar sind Sie noch fit, aber ...

Grund Nr. 14

Hier und da zwackt es schon mal

Wir sind hier ganz unter uns. Keiner hört zu. Sie dürfen deshalb ruhig mal der Wahrheit ins Gesicht sehen.

Sie sind so um die 60 oder knapp darüber, und Sie sind fitter als die meisten mit 30, das ist klar. Vielleicht machen Sie sogar irgendwas mit Sport: Joggen Sie? Spielen Sie in einer Altherrenmannschaft? Haben Sie einen Garten (auch das ist Sport)? Oder ein Hobby, das Sie körperlich so richtig fordert?

Aber auch, wenn nicht: Sie stecken doch die meisten, die halb so alt sind wie Sie, noch lässig in die Tasche.

Trotzdem zwickt und zwackt es schon mal hier und da. Sie ignorieren das meistens. Aber leugnen können Sie es, hier, so unter uns, nicht mehr. Es ist auch gar kein Geheimnis. Wenn Sie zum Beispiel als Gerüstbauer arbeiten, werden Sie nicht unbedingt mehr als »Werfer« eingeteilt, sondern schon mal eher als »Fänger«. Also Sie müssen die schweren Kupplungsteile nicht mehr eine Etage höher hinaufwerfen, sondern Sie stehen oben und müssen die Teile »nur« noch fangen. Je älter der Gerüstbauer, desto höher steht er auf dem Gerüst: Das ist nun mal so. Und es ist besser für Sie und Ihre Knochen, aber trotzdem ist das eigentlich schon lange kein Job mehr für einen wie Sie.

Oder Sie sind Fernfahrer. Die ganz langen Touren, die natürlich auch die mit den höchsten Zuschlägen sind, kriegen Sie nicht mehr. Sie machen auf Kurztour. Weil es einfach besser für Sie ist. Und weil Sie heute viel mehr Wert als früher darauf legen, dass Sie wenigstens alle paar Tage mal zu Hause sind. Richtig? Richtig.

Hier und da merken Sie schon, dass Sie nicht mehr der Jüngste sind. Erheblich schneller aus der Puste als noch vor 20 Jahren. Der Magen leicht empfindlich; also Sie müssen schon mal darauf achten, was Sie wann zu sich nehmen. Sie schlafen auch nicht mehr so gut wie früher. Entsprechend müder sind Sie am Tag danach. Die ganze Sorge um Firma und Job kann auch leicht dazu beitragen, dass Sie hin und wieder einen über den Durst trinken. Sie halten dabei Selbstgespräche und fragen sich bisweilen, was das alles überhaupt noch soll. Ach je, und dann der Harndrang. Nachts rausmüssen, wenn man eigentlich schlafen sollte. Eine äußerst ärgerliche Begleiterscheinung des Älterwerdens. Sind Sie davon nicht betroffen? Das ist schön! Obwohl: Eigentlich wollten Sie hier doch mal ganz ehrlich sein. Es hört ja keiner zu …

Das klingt jetzt vielleicht etwas dramatisch, aber selbst wenn nur ein Fünkchen Wahrheit daran ist: unbedingt überlegen, wann der richtige Moment zum Aufhören gekommen ist! Und auf jeden Fall schon mal so richtig massiv auf die Rente freuen.

Natürlich haben Sie Rücken

Egal, ob Sie auf dem Bau oder im Finanzamt arbeiten: Ihr Rücken ist der Erste, der sich auf die Rente freut. Denn entweder haben Sie ihn mit Zementsack-Schleppen kaputt gemacht oder mit dieser ständigen verdammten Gebückthaltung, die man nun mal hat am Computer. Langsam erledigen sich Ihre Knochen von selbst. Da ist keine Spannkraft mehr drin. Wenn Ihr Gehirn sich erstmals mit der Rente beschäftigt, ist Ihr Rückgrat schon Jahre kaputt. Hätten Sie auf Ihren Rücken gehört, würden Sie heute garantiert nicht mehr arbeiten!

Der Deutsche scheut das Risiko und setzt mehr auf Sicherheit. Das ist so. Der Taxifahrer schafft es kaum noch hinters Steuer, aber er fährt immer noch. Der Rücken schreit schon längst: »Hör auf zu fahren, stell die Kiste ab und geh mit mir schwimmen!«, aber der Kopf sagt: »Die Rente würde eventuell nicht reichen, und deshalb fährst du gefälligst weiter.« Deutschland ist voll von krummen Taxifahrern, die einfach nicht aufhören können. Schön ist das nicht.

Fast alle haben Rücken, und sie werden immer jünger. Maik P., Mitte 30, Lagerist: Bandscheibenvorfall. Guido P., Ende 30, Versicherungskaufmann: Hexenschuss. Sven K., Anfang 20, Student: Haltungsschäden. Auch Sie haben Rücken, und ist das etwa verwunderlich nach all den Jahrzehnten im Beruf?

Das ist es nicht. Sie sollten jetzt wirklich mal auf Ihren Rücken hören und seine Freude auf die nahe Rente unbedingt teilen. Was meinen Sie, wie Ihr Rücken strahlt, wenn Sie auf Rente sind! Der lebt förmlich auf. Der streckt und reckt sich. Sie spüren Muskeln, von deren Existenz Sie bisher gar nichts ahnten. 111 Nerven entspannen sich, wenn Sie nicht mehr zur Arbeit müssen. 111 Sehnen sagen: »Ja, warum nicht schon längst so?« 111 Schmerzen sind plötzlich weg. Sie fühlen sich 111-mal besser als in den Jahren davor. Allein Ihr Rücken, dieser riesengroße Problemfaktor für alle, die zu lange zu viel arbeiten, kennt 111 Gründe, warum Sie unbedingt auf Rente sollten. Aber bisher hatten Sie ja leider kein Ohr für Ihren Rücken.

Der Doktor meint auch, dass ...

... Sie endlich nicht mehr so tun sollten, als wenn Sie immer noch Anfang 30 wären ... Sie viel zu ungesund leben, was natürlich mit dem Beruf zu tun hat ... Sie sich mal eine Auszeit nehmen sollten, und zwar am besten eine sehr, sehr lange ... Ihre Blutwerte Anlass zu ernster Sorge geben ... Sie wenigstens eines Ihrer berufsbedingten Laster dringend aufgeben müssen ... Ihre Beine gar nicht mehr richtig durchblutet sind ... Sie mal mit Ihrer Frau eine Reise machen und das Handy zu Hause lassen sollten ... er Ihnen auch nicht helfen kann, wenn Sie nicht endlich Ihr Leben umkrempeln ... die Firma Sie eines Tages noch umbringen wird ... Sie ja schließlich noch was haben wollen von Ihrer schönen Rente ... er mit Medikamenten nur die Symptome bekämpfen kann, die Ursache des Übels aber von Ihnen beseitigt werden muss ... Sie mal mit Ihrem Arbeitgeber sprechen sollten ... viele Firmen heutzutage doch froh sind, wenn sie ältere Mitarbeiter vorzeitig loswerden ... irgendetwas in Ihnen rumort, was mit dem Job zu tun haben muss ... Sie sich dringend schon jetzt ein Hobby für später suchen sollten ... Arbeit nicht alles ist ... Sie vielleicht mal eine Reha machen sollten, so als Vorbereitung auf die Rente ... Sie überhaupt nicht richtig abschalten können ... die Leberwerte recht bedenklich sind ... Sie viel zu wenig B12 im Blut haben ... viele Krankheiten psychisch bedingt sind ... manch einer seiner Patienten erst richtig aufblüht, wenn er nicht mehr täglich in die Tretmühle muss ... er Ihnen gern was aufschreibt, damit Sie etwas ruhiger werden ... Sie mal dringend Ihre Frau bei ihm vorbeischicken sollen, damit er mal mit ihr reden kann ... Sie ja wohl von allen guten Geistern verlassen sind, dass Sie sich immer noch so krummlegen ... er Sie erst wieder sehen will, wenn Sie sich ernsthaft Gedanken über die Rente gemacht haben ... er Ihnen alle möglichen Atteste schreibt, warum es so nicht weitergehen kann ... niemand unentbehrlich ist, Sie schon mal gar nicht.

Und dann sagt er noch, dass er selber auch schon lange daran denkt: Praxis aufgeben und ab in den Süden. Er jedenfalls freut sich tierisch drauf.

Erstmals merken Sie Ihre Pumpe

Das ist noch kein Warnschuss. Es ist nur ein leiser Hinweis, dass Sie möglicherweise demnächst rentenreif sein werden. Aber wahrscheinlich werden Sie den Hinweis überhören. Sie möchten nämlich gar nicht so genau wissen, was da drinnen passiert. Sonst müssten Sie sich zwangsläufig mit der Frage beschäftigen, wie es mit Ihnen weitergehen soll – und davor haben Sie eine gewisse Scheu.

Die meisten denken erst dann um, wenn sie den sprichwörtlichen »Warnschuss« hören. Der bringt sie für einige Tage ins Krankenhaus und dann dürfen sie wieder nach Hause. Es war zwar ernst, aber nicht bedrohlich. Psychisch bewirkt so ein zwangsweiser Klinik-Kurzaufenthalt jedoch sehr viel. Das ist ungefähr so, als wenn man einen jugendlichen Kriminellen unmittelbar nach seiner Missetat für 24 Stunden einlocht. In der Zelle kriegt er einen Schock und findet vielleicht wieder den Weg zurück ins anständige Leben. Er hat da genug Zeit zum Grübeln.

Zeit haben Sie auch, wenn Sie erst mal im Krankenhaus sind. Hinterher sind Sie jedenfalls irgendwie anders drauf als vorher: Es war der berühmte »Warnschuss«, der Ihnen zu denken gegeben hat.

Aber muss es wirklich erst so weit kommen? Sie sind viel besser dran, wenn Sie schon den ersten leisen Hinweis ernst nehmen und kräftig auf die Bremse treten. Erstmals haben sie soeben festgestellt, dass Sie überhaupt ein Herz haben.

Genau das haben Sie nämlich jahrzehntelang ignoriert. Es war für Sie einfach kein Thema. Das Herz klopfte zuverlässig vor sich hin, ungefähr 80 Mal in der Minute, und es gab keinerlei Hinweise darauf, dass es eines Tages anders sein würde. Jetzt aber meldet sich das Herz. Hier ein bisschen schneller außer Atem als früher, da mal eine Pause einlegen, dann joggt Ihnen jemand davon und Sie kommen nicht hinterher, Fußball mit den Enkeln ist nicht mehr so wie einst, auch beim Tischtennis legen Sie schon mal ganz gern eine

Pause ein, und sogar beim Sex mit Ihrer Frau geht Ihnen schneller der Atem aus als früher.

Tja: Das ist die Pumpe. Nicht unbedingt ein Organ, das Sie all die Jahre besonders gepflegt haben, stimmt's? Wie denn auch: Sie haben es ja gar nicht gespürt, sondern vielmehr links liegengelassen. Wir reden hier von 111 Gründen, sich auf die Rente zu freuen: Wenn Sie das erste Mal Ihre Pumpe spüren, dann sollten Sie Ihrer Freude freien Lauf lassen. Das ist wirklich ein guter Grund!

Wäre doch viel gesünder, wenn Sie morgens nicht mehr so früh rausmüssten

Auf Rente könnten Sie noch heute ein Loch im Garten graben und Ihren Wecker dort verbuddeln. Den brauchen Sie nie mehr. Soll er doch die Maulwürfe wecken! Wer jemals früh um fünf auf unseren Straßen unterwegs war, der weiß, wie viele Leute ebenfalls früh um fünf unterwegs sind. Und zwar nicht, weil sie notorische Frühaufsteher sind. Sondern weil sie müssen. Unsere Arbeitswelt ist ja total menschenfeindlich organisiert. Niemand steht freiwillig um vier Uhr auf, damit er um fünf an der U-Bahn-Haltestelle oder im Stau steht. Dagegen wehrt sich die Natur sogar. Sie merken das doch täglich. Unkonzentriert sind Sie und schlecht gelaunt, extrem reizbar und überempfindlich. Warum? Weil Ihr Körper gar nicht will, dass Sie so früh zur Arbeit gehen! Statistiker haben herausgefunden, dass frühmorgens 30 Prozent mehr auf den Straßen gehupt wird als zwischen neun und elf Uhr. Hupen ist das kollektive Stress-Signal einer Gesellschaft, die gegen ihre Natur ankämpfen muss. Machen Sie Schluss mit diesem Stress! Verweigern Sie Ihr Einverständnis zu diesem gesundheitsschädlichen Frühaufstehwahn!

Das können Sie natürlich nicht im Alleingang machen. Wenn die Schicht nun mal um sechs beginnt, haben Sie gar keine Wahl, als um fünf auf der Straße zu sein. Aber wenn Sie erst einmal auf Rente sind ...

Es wird einige Monate dauern, bis sich Ihr Körper daran gewöhnt hat. Draußen wird es langsam hell, die Vögel zwitschern, Sie liegen hellwach im Bett und kriegen Panik, weil Sie verschlafen haben könnten. Dann fällt Ihnen ein, dass Sie auf Rente sind. Wohlig strecken Sie sich noch mal. Blinzeln zur Frau rüber, die sanft vor sich hin schnarcht. Mhm. Sie hatten schon lange keinen Frühsex mehr, stimmt's? Wie denn auch, wenn Sie um sechs am Fließband stehen müssen? Aber Sie wollen nicht stören, und deshalb drehen Sie sich auf die andere Seite. Der Himmel möge demjenigen danken, der die Rente erfunden hat. Sie schauen kurz auf die Uhr: Ihr Kollege steht jetzt wahrscheinlich im Stau. Grins. Sie nicht. Ganz sanft dämmern Sie wieder ein. Sie träumen was Schönes: Die Frau und Sie irgendwo am Strand unter Palmen, es ist so heiß wie bei uns im Sommer 2010, nur ist das hier normal und kein Signal für irgendwelche gletscherschmelzenden Klimakatastrophen. Ein Hula-Mädchen tanzt mit einem Blumenkranz vorbei. Zeit ist es für den ersten kühlen Drink am Pool. Die wohlgerundete Servicekraft stellt ihn lächelnd auf die Armlehne von Ihrem Liegestuhl, gerade wollen Sie zugreifen und – schrecken schon wieder hoch: verschlafen! Ich muss doch in die Firma!

Aber nein. Die Firma ist so unwichtig wie ein Regenschauer im fernen Land Absurdistan. Schlaf, alter Freund, schlaf einfach ein und hoffe, dass der schöne Traum zurückkehrt. Mach einfach noch mal die Augen zu.

Es ist dann neun oder halb zehn, die Vögel sind schon ausgeflogen und zwitschern nicht mehr so wild, da wachen Sie ein zweites Mal auf. Sie fühlen sich wie ein Privatpatient in der Luxus-Reha. Die Frau klappert in der Küche mit dem Kaffeegeschirr, es duftet schon nach Jacobs Krönung, und das ist tatsächlich die Krönung: Sie dürfen zum ersten Mal in Ihrem Leben so richtig ausschlafen.

Und dann die langen Abende! Was ja kaum jemand mal schreibt in den Medien, ist dies: Drei Viertel aller Arbeitnehmer müssen um zehn ins Bett und können alles, was danach im TV läuft, überhaupt nicht mehr gucken. Das heißt: Die machen ab zehn ein Minderheitenprogramm, das am Großteil der Bevölkerung schlichtweg vorbeigeht. An Ihnen nicht mehr. Sie gucken geile Action-Filme aus den 80er Jahren, und wenn die bis halb vier gehen – wen stört's? Die vielen kleinen Spartenprogramme, die grundsätzlich erst nach Mitternacht laufen, hatten Sie doch gar nicht drauf bisher! Jetzt schon. Sie sind auf Rente und gucken einfach, was Ihnen gefällt: coole Reise-Reportagen, interessante Late-Night-Talks, wirklich anspruchsvolle Theaterstücke und auch sonst alles, was am arbeitenden Teil der Bevölkerung vorbeigeht und aus irgendwelchen Gründen ins Nachtprogramm abgeschoben wurde.

Wer wartet denn auf Sie? Allenfalls Ihr Rentner-Kumpel, mit dem Sie morgen früh ganz lose zum Schachspielen im Park verabredet sind. Der wird's schon verkraften: Ausschlafen ist allemal gesünder als dieser Wecker-Terror, dem Sie jahrzehntelang ausgesetzt waren.

Stress ist schlecht für alles

Morgens ins Büro. Stau. Nur Idioten auf der Straße. Mann, fahr doch! Angst, zu spät zu kommen. Kein Parkplatz in der Tiefgarage. Mist. Puls steigt. Diese Profitgeier! Haben aus Geldgier doppelt so viele Parkplätze vermietet, wie hier Leute arbeiten! Mischkalkulation nennt man das. Tolle Mischkalkulation. Gerade kam eine Mail, dass man hier im Urlaub nicht mehr parken darf. Aber die Parkgebühr ziehen sie das ganze Jahr vom Lohn ab. Verdammt, das ist Verarschung! Kommt der Vermieter zu Hause vielleicht auch bald an und sagt, zwölf Monatsmieten zahlst du, aber im Urlaub darfst du die Wohnung nicht nutzen? Dahinten, da ist noch einer frei. Verdammt eng. Können die nicht mal einparken hier? War bestimmt eine Frau. Rückspiegel einklappen, einfädeln. Mist! Das gibt einen Kratzer. Egal. Rauf ins Büro, aber hurtig jetzt. Natürlich hält der Fahrstuhl wieder auf jeder Etage. Na super. Und jetzt quatschen die beiden Tussis auch noch bei offener Fahrstuhltür! Hallo? Können wir mal weiterfahren? Endlich am Schreibtisch. Schnell die Sachen zusammenpacken, ab ins Meeting. Wieder dieses Blabla. Alles nur Wichtigtuer. Man könnte dieses Morgen-Meeting echt canceln. Je fauler der Kollege, desto größer die Klappe. Man sitzt hier rum und auf dem Schreibtisch stapelt sich die Post. Der Chef hat schlechte Laune. Tiiiief durchatmen. Geht alles vorbei. Er meint das ja nicht so. Okay, Meeting überstanden. Nun aber los. Man muss dringend mit vier Behörden verhandeln. Keiner da. Oder es geht keiner ran. Machen die schon wieder Mittag? Inkompetenz, Schläfrigkeit, Ignoranz und Selbstüberschätzung sind die Begleiter des braven Arbeitnehmers, mit wem auch immer er zu tun hat. Und es ist gerade erst zehn Uhr morgens. Der Tag hält noch mehr schlechte Überraschungen bereit. Darauf kann man wetten! Sicher ist: Wenn das hier alles vorbei ist, dann macht man drei Kreuze.

Schnitt. Eine duftende Blumenwiese. Der eigene Garten. Es ist ein schöner Morgen. Durchs offene Küchenfenster hört man aus dem Radio den Verkehrsfunk herüberwehen. Zwölf Kilometer Stau auf der A 7, 15 Kilometer auf der A 1, nur noch vier Kilometer auf der A 2. Das ist aber nicht mehr so wichtig. Mitten auf der Wiese steht ein Liegestuhl. Das Handy liegt irgendwo; man müsste mal wieder den Akku aufladen. Aber es ruft ja sowieso keiner an. Man könnte den Rasen schon wieder mähen; er wächst jetzt so schnell. Mit schwerem Flügelschlag startet ein Bussard vom Pflaumenbaum. Im Schatten schnarchen die Hunde. Man sollte nachher vielleicht etwas Holz hacken, damit es im Winter schön trocken ist. Oder man könnte das Fenster vom Schuppen streichen. Aber erst mal eine Pause einlegen. Gemütlich auf den Liegestuhl, in die Sonne blinzeln und etwas nachdenken. Es ist erst zehn Uhr morgens. Der Tag ist voller schöner Überraschungen. Darauf kann man wetten! Sicher ist: Das hier möge nie vorbei sein. Es ist einfach nur schön.

Grund Nr. 20

Gesundheit geht ja wohl
vor Loyalität zur Firma

Seien Sie froh, wenn Sie überhaupt bis zur Rente durchhalten. Tatsache ist doch: Die Firma hat keinen loyaleren Mitarbeiter als Sie. Für die Firma reiben Sie sich permanent auf. Aber gedankt wird Ihnen das nicht. Dass Sie jahrzehntelang Ihren Job machen, nimmt man so hin. Das ist selbstverständlich. Auffallen tun Sie erst, wenn Sie mal krank sind. Aber auch dann heißt es nicht etwa: Der ist krank, es geht ihm nicht gut – sondern es heißt: Der hat sich *krankschreiben lassen*. Was für eine Infamie! Was für eine Gemeinheit! Suchen Sie Ihre Ärzte vielleicht danach aus, ob die besonders schnell mit dem gelben Zettel bei der Hand sind? Nein, das tun Sie nicht. Die Loyalität zur Firma verbietet es Ihnen. Und lange bevor der Arzt Sie gesundschreiben würde, sitzen Sie schon wieder in der Firma.

Jetzt aber kommt eine bessere Zeit. Es beginnen die »goldenen Jahre«. Ihr Leben wird langsamer, bedächtiger, angenehmer. Sie haben zum ersten Mal in Ihrem Leben Zeit, alles ganz, ganz vorsichtig angehen zu lassen. Im Wartezimmer trommeln Sie nicht mehr unruhig mit den Fingern auf die Stuhllehne, gucken alle fünf Minuten auf die Uhr und verfluchen den Tag, an dem Sie sich für Kassenpatient entschieden haben: Als Privatpatient wären Sie schon lange dran, und die Firma wartet doch ...

Egal! Gesundheit geht jetzt vor. Sie haben alle Zeit der Welt. Es treibt Sie keiner. Der Doktor verschreibt Ihnen 15 Massagen? Super! Noch letztes Jahr hätten Sie nicht mal die Zeit für eine einzige gehabt und sich »mit Rücken« durch den Job gequält. Jetzt legen Sie sich entspannt auf die Liege und lassen die Krankengymnastin machen. Sie waren lange genug loyal. Es ist an der Zeit, dass Sie Ihrem eigenen Körper endlich das gönnen, was er schon lange von Ihnen fordert. Sie sind jetzt Rentner. Sie können es sich leisten.

Alles nur Deppen!
Das hält man doch im Kopf nicht aus

Es ist wirklich erstaunlich, von wie vielen unfähigen Deppen man in den letzten Berufsjahren umgeben ist. Früher war das doch auch nicht so! Da waren Sie Teil des besten Teams in der ganzen Branche. Sie alle haben gemeinsam tierisch Gas gegeben und den Laden nach vorn gebracht. Wo sind die anderen Experten bloß alle geblieben? Klar: Die meisten sind schon längst auf Rente; nur Sie haben es länger ausgehalten. Aber wenn Sie sich jetzt so Ihr Umfeld ansehen ...

Junge Hüpfer mit ziemlich großer Klappe, die ihre mangelnde Fachkenntnis übertönt, haben neuerdings das Sagen. Da wird dem 59-jährigen Malergesellen (40-jähriges Berufsjubiläum) ein 27-Jähriger vor die Nase gesetzt, der nicht mal richtig Quadratmeterflächen ausrechnen kann, der falsch kalkuliert, keine Ahnung von den verschiedenen Farbnuancen hat und auch noch schlechte Ware einkauft, weil er sich mit niedrigen Quadratmeterkosten beim Chef einschleimen möchte. Der Kundenprotest ist zwar vorprogrammiert, aber in der heutigen Zeit ist das egal: Schnelles Geld machen, absahnen, Umsatz hochtreiben, Firma verkaufen und was Neues anfangen ist oftmals die Devise.

Sie hingegen haben noch so aus alten Zeiten im Kopf, dass der Kunde König und seine Treue wichtig ist. Damit sind Sie aber von gestern. Ramsch ersetzt immer häufiger Qualität, Jugend zählt mehr als Qualifikation, »Alles muss auf den Prüfstand«, heißt es, »Es darf kein Tabu mehr geben« usw. Aber was auf dem »Prüfstand« durchfällt, ist Ihre gute Arbeit. Und das »Tabu« ist die Kundenzufriedenheit.

Sie haben wirklich allen Grund, sich auf Ihre Rente zu freuen. Dies ist doch gar nicht mehr Ihre Zeit. Und wissen Sie, man kann die großen weltpolitisch interessanten Themen durchaus auch auf

Ihre kleine Firma, in der Sie schon so lange arbeiten, übertragen und herunterbrechen.

Nehmen Sie als Beispiel mal die Öl-Katastrophe von BP im Sommer 2010. Kam Ihnen da nicht so manches bekannt vor? Hat Sie das nicht irgendwie auch an Ihre Firma erinnert? Schnelles Geld muss heutzutage gemacht werden. Immer höher die Ziele, immer tiefer die Bohrungen, immer unwichtiger die Einhaltung von Standards, die Sie noch mit der Muttermilch eingesogen haben. Egal. Die BP-Plattform war geleast; jeden Tag kostete sie eine Million Dollar. Dafür musste sie reichlich fördern. Da gab es erfahrene alte Mitarbeiter, die haben schon frühzeitig gewarnt. SIE hätten einer von denen sein können. »Leute, das geht so nicht.« »Ihr riskiert zu viel.« »Das Ding kann jederzeit in die Luft fliegen.« »Umsatz ist nicht alles.« Könnten das nicht auch Ihre Worte sein, wenn Sie – anstatt als Maler, Finanzbeamter, Oberarzt oder Schlachter zu arbeiten – ein Vollprofi in der Öl-branche wären?

Aber was ist denn passiert? Es gab diese Warnungen von »alten« Kollegen ja durchaus; die Katastrophe war eindeutig absehbar. Da oben in den gläsernen Führungspalästen saßen jedoch junge, gut gestylte Nachwuchs-Deppen mit gegelten Haaren und iPads im stylishen Koffer, die von nichts eine Ahnung hatten, aber alles besser wussten. Weiter raus, tiefer bohren, Risiken in Kauf nehmen, hohe Regierungsbeamte schmieren, geile Partys veranstalten: Eine verhängnisvolle »Nach-mir-die-Sintflut-Mentalität« hat die Branchen ergriffen und verdirbt den Qualitätsstandard, mit dem SIE noch groß geworden sind.

Oder nehmen Sie die Deutsche Bahn. Um sie für die Börse interessant zu machen, wurde sie kaputtgespart. Natürlich gab es da alte Hasen, die frühzeitig gewarnt haben: Ihr müsst wenigstens die Klimaanlagen regelmäßig warten, sonst erleben wir spätestens im nächsten heißen Sommer mit tropischen Temperaturen eine Katastrophe! Aber keiner hat auf sie gehört, sondern es ging nur noch um die schnelle Kohle. Das Ergebnis hatten wir dann ja im Sommer 2010.

Die kleine Klitsche, in der Sie arbeiten, geht vermutlich nie an die Börse. Aber das Szenario kennen Sie genau. Haben Sie nicht auch schon oft davor gewarnt, dass allzu schnell verdientes Geld letztendlich die Kunden vergrault?

Sie sollten sich das wirklich nicht mehr antun

Stellen Sie sich ein Leben ohne Hektik vor. Ohne Stress. Ohne diesen nervtötenden täglichen Kampf, wer denn nun besser, cleverer, skrupelloser und härter ist. Stellen Sie sich vor, dass niemand mehr in der Hierarchie über Ihnen ist. Weil es für Sie gar keine Hierarchie mehr gibt, und weil über Ihnen nur noch der weite blaue Himmel ist!

Stellen Sie sich vor, dass der Leistungsdruck von heute auf morgen von Ihnen abfällt. Dass Ihnen nichts mehr auf den Magen schlägt. Dass Sie nachts im Bett nicht mehr an die Firma denken müssen. Stellen Sie sich vor, dass Sie einfach so ohne schlechtes Gewissen krank werden dürfen und im Bett bleiben können, bis Sie wieder richtig gesund sind. Ohne dass Sie irgendjemandem erklären müssen, warum Sie immer noch nicht wieder am Arbeitsplatz erschienen sind.

Stellen Sie sich ein Leben ohne Umsatzzahlen vor, ohne Kostendruck, ohne mitleidlose Banken, ohne Finanzkrise, ohne Kundenschwund, ohne überhöhte Gewerbemieten, ohne gestrichenes Weihnachtsgeld, ohne geplatzte Rechnungen, ohne überhöhte Lieferantenpreise und ohne Kredite, die Ihnen die Luft abschnüren.

Stellen Sie sich vor, dass Sie plötzlich Zeit für alles haben. Für Ihre Familie, die Enkel, Ihr Hobby, für Reisen, Theater, Oper, gute Bücher, Spätfilme im TV, Spaziergänge, Ihren Hund, Ihren Nachbarn, für den Garten oder für irgendwas, das Sie noch nicht einmal erahnen. Vielleicht schlummert in Ihnen ein begnadeter Maler. Vielleicht haben Sie gar nicht zwei linke Hände, sondern können alles bauen, was Ihnen vorschwebt. Vielleicht entdecken Sie Ihr Herz für Menschen, denen es schlecht geht, und sammeln Pluspunkte beim lieben Gott. Vielleicht können Sie Kindern die Welt viel besser erklären als alle Lehrer zusammen. Vielleicht haben Sie eine sehr schöne Stimme und wussten bisher gar nicht, wie gut Sie eigentlich singen können. Vielleicht schreiben Sie Gedichte. Vielleicht wandern Sie aus. Vielleicht schreiben Sie auf Ihre alten Tage noch Geschichte. Und vielleicht bauen Sie ein Haus.

Stellen Sie sich vor, dass Sie den schönsten Teil des Lebens bisher ganz einfach versäumt haben. Nicht verträumt und nicht verschlafen, sondern »verarbeitet«. Es gibt da draußen ein Leben, das nichts mit Ihrer Welt zu tun hat. Sie können das gar nicht wissen, denn Ihr Leben bestand bisher fast nur aus Pflichten. Es ist so, als wenn Sie ein Radio haben, das nur eine einzige Frequenz spielen kann. Von den Frequenzen links und rechts daneben erfahren Sie gar nichts, denn täglich spielt das Radio nur diesen einen Sender.

Jahrzehntelang kamen Sie gar nicht auf die Idee, nach anderen Frequenzen zu fragen. Weil Sie ja nur diese eine kennen und gar nicht wissen, dass es noch andere gibt. Stellen Sie sich vor, dass Sie plötzlich ein neues Radio geschenkt kriegen, das nicht einen, sondern mindestens hundert Sender spielt! Plötzlich haben Sie die freie Wahl. Sie hören hier hinein und zappen sich da wieder raus. Features, Musik, Nachrichten, Hörspiele, Essays, Talkrunden, Hintergrundkommentare. Unterhaltung und Information rund um die Uhr. Ja, wenn Sie das schon früher gewusst hätten: Ihr altes Radio läge längst auf dem Müll!

Aber Sie haben es nicht gewusst, und Sie wissen es bis heute nicht. Wollen Sie sich das wirklich noch auf Jahre antun, immer nur eine Frequenz empfangen zu können?

Lassen Sie doch mal die anderen schuften

Auf Rente heißt ja nicht, dass Sie künftig vor sich hin rosten sollen. Auf Rente heißt nur, dass Sie Ihre Energie künftig sinnvoller und gewinnbringender einsetzen können, als das bisher der Fall gewesen ist. Wobei »Gewinn« nicht unbedingt in Euro und Cent zu berechnen ist. Es gibt auch einen »Gewinn«, der nichts mit Geld zu tun hat! Auf Rente sein bedeutet: Jetzt dürfen die anderen auch mal schuften. Wie oft haben Sie die undankbarsten und schwierigsten Aufgaben in der Firma übernommen! Wie oft ist es Ihnen nicht gedankt worden! Wie viele Probleme haben Sie ganz allein gelöst und sich über die vielen Drückeberger geärgert! Wenn Sie erst auf Rente sind, werden sich die anderen um alles kümmern müssen. Die ganzen Klugscheißer, die Sie oft genug mit durchgeschleppt haben, die müssen nun selber ran. Der »Troubleshooter« zeigt ihnen freundlich lächelnd den Mittelfinger und geht nach Hause.

Es wäre aber ein Irrtum, zu glauben, dass nun alles den Bach runter gehen wird. Nur eine ganz kurze Zeit wird man Sie überhaupt vermissen. Was Sie bisher allein geschafft haben, wird künftig einfach auf mindestens vier andere Schultern verteilt und der Laden funktioniert genauso weiter wie bisher. Da erinnert sich bald keiner mehr an Sie. Es ist, als wären Sie niemals dort gewesen. Und Sie stellen fest: Meine Liebe zur Firma war eigentlich etwas einseitig. Zwar habe ich sie wirklich geliebt und all die Jahre geglaubt, dass sie mein Lebensinhalt ist. Aber die Firma hat nur meine Arbeitskraft geschluckt. Sie hat mich ausgesaugt. Geliebt hat sie mich nie. Denn wen man liebt, den vergisst man doch nicht so schnell!

»Jeder ist ersetzbar«: Das ist ein Satz, den auch Sie schon oft gesagt haben. Aber wahrscheinlich haben Sie ihn niemals ernsthaft auf sich selbst bezogen. Zumindest insgeheim sind Sie immer davon ausgegangen, dass Sie (womöglich nur Sie) eine echte Lücke hinterlassen werden, wenn Sie mal auf Rente sind. Eine Lücke, die man nicht so einfach schließen kann.

Sie haben sich in diesem Fall geirrt, und zwar ganz egal, welche Funktion Sie in welcher Branche ausüben. Es wird ohne Sie fast genauso weitergehen wie mit Ihnen. Nur dass jetzt eben die anderen schuften. Die können das vielleicht nicht so gut wie Sie, eventuell werden einige Regeln geändert, Kompetenzen neu verteilt und Probleme gelöst, mit denen Sie so lange zu kämpfen hatten. Arbeitsabläufe müssen verbessert werden, weil Sie nicht mehr zur Verfügung stehen. Die anderen werden sich lautstark beschweren, weil sie Ihr bisheriges Tempo gar nicht gewohnt sind. Als Folge dieser Beschwerden wird vielleicht sogar die eine oder andere Stelle neu geschaffen. Kann sein, dass man diese Stellen Ihnen verdankt. Nur wird sich daran niemand mehr erinnern wollen. Dankbarkeit? Vergessen Sie's! Es wird Ihnen niemand ein Denkmal setzen.

Aber Sie können mit diebischer Freude aus der Distanz beobachten, dass es *ohne* Sie offenbar doch nicht so rund läuft wie *mit* Ihnen. Natürlich werden Sie erfahren, wie schwer sich die anderen mit Ihren Aufgaben tun. Erst rückblickend wird Ihnen bewusst, wie groß die Last der Verantwortung auf Ihren Schultern wirklich gewesen ist. Aber auch, wie schlecht Sie sich letztendlich verkauft haben, denn plötzlich ist Ihre Arbeitskraft zwei Gehälter oder mehr wert! Am Ende kommen Sie dann zu dem Ergebnis: Es ist gut, dass Sie jetzt auf Rente sind und dass sich die anderen für Ihren Job krummlegen müssen. Sie hätten, wenn Sie mal ganz ehrlich sind, schon viel früher hinschmeißen sollen.

Grund Nr. 24

Frühe Rente, langes Leben

Der vielleicht schönste Grund, sich auf die Rente zu freuen, ist dieser: Je früher Sie aufhören, desto höher ist Ihre Lebenserwartung. Der Mensch ist nicht dafür gemacht, noch mit 67 oder gar mit 70 einfach immer so weiter zu schuften. Ihnen ist das vielleicht gar nicht bewusst. Sie fühlen sich ja immer noch fit und belastbar. Aber Ihr Körper sagt etwas anderes. Horchen Sie mal hinein und hören ihm zu! Fragen Sie Ihre Gelenke, was die zu sagen haben. Welche Meinung vertritt Ihr Rücken? Was sind die Argumente vom Herzen, wenn es denn sprechen könnte (es kann übrigens sprechen, nur hören Sie nicht so gern auf Ihr Herz)? Was würden Ihre Nerven sagen?

Alle Organe, die Ihnen einfallen (an welche Sie jetzt denken, hängt auch ein bisschen von der Branche ab, in der Sie arbeiten), alle Organe also schreien geradezu nach der Rente. Sie sind müde und verlangen endlich einmal ihr Recht. Jahrzehntelang haben Sie die Sprache Ihres Körpers ignoriert. Der Rücken ist krummer geworden und Sie hatten gar keine Chance, sich geradezumachen. Der Magen rebelliert hin und wieder, aber darüber haben Sie hinweggesehen. Die Leber funktioniert auch nicht mehr so perfekt wie früher. Aber wann hatte sie eine Chance, sich so richtig zu erholen?

Übrigens denkt beim Wort »Leber« jeder sofort an Alkohol. Zu Unrecht! Wer sich jahrzehntelang krummlegt, der belastet die Leber genauso wie alle anderen Organe. Es gibt Menschen, die ihr Leben lang niemals einen Tropfen Alkohol tranken – und trotzdem an Leberversagen starben. Also sollten Sie auch dann an Ihre Leber denken, wenn Sie Alkohol überhaupt nicht oder nur in Maßen trinken.

Stress belastet jedes Organ. Darum ist es höchste Zeit, dass Sie dem Stress entkommen. Entschleunigung ist das Stichwort. Sobald Sie ruhiger werden, sobald die Sorgen von Ihnen abfallen, sobald sich Ihr Tagesablauf entspannt und sobald Sie die Firma hinter sich gelassen haben, regenerieren sich Ihre Organe und atmen sozusagen tief durch. Sie erholen sich. Sie arbeiten nicht mehr ständig am Limit. Sie selbst holen am Ende vielleicht zehn Jahre mehr heraus: zehn Jahre, die Sie länger leben werden. Das klingt wenig, wenn man 35 ist. Aber das ist sehr, sehr lang, wenn man über 60 ist. Freuen Sie sich auf die Rente und vor allem auf die zehn Jahre, die Sie noch obendrauf geschenkt bekommen! Wer zu spät aufhört, der hat nichts mehr von der Rente.

4. KAPITEL

Der Ausstieg kann ein Einstieg sein

Sie sind noch jung genug für alles

Möchten SIE heute noch mal 30 sein? Garantiert nicht. Wir hatten dieses Thema ja schon in einem anderen Zusammenhang erörtert. Immer Angst um den Arbeitsplatz. Schneller wegrationalisiert, als man gucken kann. Womöglich einen Ehrgeizling als Chef, der auch noch fünf Jahre jünger als man selber ist. Leistungsdruck ohne Ende. Immer weniger Leute müssen immer mehr Arbeit wegschaffen. Stets vom Herzinfarkt bedroht. Schlechtes Betriebsklima; jeder beißt jeden weg. Häufiger Ortswechsel, immer wieder der Arbeit hinterherziehen. Viele mit 30 finden gar keinen Job und schlagen sich als Langzeit-Praktikanten durch: Es wäre wirklich nicht erstrebenswert, die Uhr noch mal zurückzudrehen (abgesehen natürlich von der Tatsache, dass man dann noch einige Jahrzehnte mehr vor sich hätte).

Die Lebenswirklichkeit des Durchschnitts-Arbeitnehmers war vor der großen Finanzkrise mies und ist danach erst richtig schlecht geworden, weil die Arbeitgeber seit 2009 für jede Streichung, für jeden Geiz und für jede Verschlechterung der Arbeitssituation eine Ausrede haben. »Wir versuchen, so viele Arbeitsplätze wie möglich zu erhalten, aber dafür müsst ihr jetzt sofort ...« Der Arbeitnehmer erfüllt seinen Teil und tritt sozusagen in Vorleistung, und der Arbeitgeber – spart trotzdem jede Menge Arbeitsplätze ein und behauptet, dass es eigentlich noch viel mehr hätten sein müssen, also habe er sein Versprechen doch auch erfüllt. Nur ist das niemals so recht zu beweisen. Die große Krise hatte also auch etwas Gutes (für die Bosse). Erst streichen sie die Kekse im Konferenzraum, dann die Tageszeitung. Im Sekretariat gibt es keinen echten Tesafilm mehr, sondern ein No-name-Produkt, das überhaupt nicht klebt. In Einzelbüros (früher oftmals eine Belohnung für verdiente Mitarbeiter) werden flächendeckend die Wände rausgerissen; angeblich dient das der Kommunikation, aber in Wahrheit lassen sich

Großraumbüros viel besser überwachen. Auf dem Kopierpapier steht überhaupt kein Name mehr, und es fühlt sich auch nicht mehr so gut an wie früher. Als Nächstes lassen sie die Lichtschalter im WC abmontieren und sparen auch hier, weil sie Bewegungsmelder einbauen. Das WC-Papier, das früher richtig weich war, ist heute hart wie Sandpapier, wahrscheinlich indische Kinderarbeit, und es kommt aus einem abgeschlossenen WC-Papierspender, damit ja keiner eine halbe Rolle mit nach Hause nimmt. Ja, erst sparen sie am Klopapier, und dann streichen sie deine Stelle. Wenn Ihnen also morgen eine Fee im Traum erscheint und sagt: »Du hast die Wahl. Heute noch mal 30 sein oder Rente sofort« – dann sollten Sie die Rente wählen.

Auf Rente erwartet Sie ein wunderbares Leben, denn fürs Nixtun sind Sie ja noch viel zu jung. Sie können ja im Grunde noch alles, man lässt Sie nur nicht. Da liegt das Problem. Also können Sie auf Rente noch mal richtig durchstarten. 60- bis 70-Jährige sind heute so topfit, wie ihre Eltern mit 40 oder 50 waren. Zum einen, weil sie bewusster (und damit gesünder) leben. Dann ist in vielen Berufen die extreme körperliche Belastung einfach weggefallen und wird heute von Maschinen übernommen. Viele Jobs, die buchstäblich auf die Knochen gingen, sind so gut wie ausgestorben (Melker, Bergmann usw.). Die Arbeitsschutzbestimmungen wurden immer mehr verschärft. Und natürlich liegt es auch daran, dass die Medizin heute ganz andere Möglichkeiten hat als früher.

Sie können also mit etwas Glück und guter Gesundheit davon ausgehen, dass Sie ab Rente noch zwei oder drei Jahrzehnte so viel wegschaffen können, wie Sie Lust haben. Vielleicht machen Sie sich selbstständig, oder Sie machen den Taxischein oder etwas Ehrenamtliches, oder Sie bauen sich ein Haus. Alles ist drin. Jung genug sind Sie – für alles!

Endlich auf eigene Rechnung arbeiten

Nach der Rente in der eigenen Branche weiterarbeiten, wo man sich natürlich auskennt, das liegt nahe. Aber ob man sich da selbstständig machen könnte, das hängt natürlich von vielem ab. Das Risiko ist jedenfalls ziemlich klein. Zum Leben hat man ja die Rente. Was vom Dazuverdienst am Ende übrig bleibt, wenn sich das Finanzamt bedient hat, müsste erst mal nur für die Kosten reichen. Aber dafür ist man plötzlich sein eigener Chef, und das hat wirklich seinen Reiz! Denn endlich kann man die ganzen Arbeitsabläufe so gestalten, wie man das schon lange vorschlagen wollte, wenn einen jemand gefragt hätte. Man kann wahrscheinlich mit der Hälfte des Aufwandes doppelt so viel Kohle ranschaffen. Und vor allem: Man weiß doch, wo die Schwachstellen in der Firma sind.

Die ganzen Löcher im Eimer, aus denen das Geld nur so herausrinnt, die würde man stopfen. Viele Firmen könnten heute viel besser dastehen, wenn sie nicht so einen Wasserkopf von Möchtegern-Entscheidern mit sich herumschleppen würden. Aber natürlich sägen die nicht an ihrem eigenen Ast, denn sie profitieren ja davon. In manchen Betrieben gibt es schon mehr Chefs als »Indianer«! Das muss man sich mal vorstellen!

Mir ist eine Firma bekannt, in der haben früher drei Chefs 45 Leute befehligt – heute sind neun (!) Chefs für 38 Mitarbeiter zuständig. Und schon in diesem Satz liegt eine weitere Wahrheit: »Befehligt« – das war früher und bedeutete klare Ansage und kurze Wege. »Zuständig« – das ist heute und bedeutet erst einmal viel Bürokratie, Wegducken (mangels »Zuständigkeit«) und Schuldverteilung auf die jeweils anderen, die »Zuständigen«. Schöne »Zustände«. Ein Lob auf die gute alte inhabergeführte Familienfirma, und ein »Schande über euch« an die Adresse von Controllern, Rechenkünstlern und Arbeitsplatz-Durchforstern!

Die sind es nämlich auch, die für das Po-unfreundliche Sandpapier im Firmen-WC-Papierspender zuständig sind (siehe Grund 25, sich auf die Rente zu freuen).

Aber wir wollen nicht abschweifen, denn die Selbstständigkeit ist unser Thema. Könnte nicht dort, wo früher die Kinder gewohnt haben, ein Café entstehen? Oder man zieht selber nach oben und das Café kommt ins Wohnzimmer. Kaffeemaschine, Sahneschäumer, Kühlschränke, Tische, Stühle, Geschirr müssen natürlich besorgt werden, Tortenböden belegen macht Spaß und jetzt brauchen wir im Grunde nur noch zehn Argumente, warum die Bank mitspielen sollte. Muss ja alles nicht so riesig sein, und soll ja auch hauptsächlich Freude machen! Aber wenn obendrein am Ende des Tages noch 50 oder gar 100 Euro in der Kasse über sind, dann hat es sich doch gelohnt. Für ein Café muss man kein Bäcker sein. Man »backt« ja nicht. Oder man kauft sich einen rollenden Imbiss und fährt quer durch die Lande mit dem witzigen Hänger, der natürlich ein Hingucker sein sollte. Wurst? Eis? Cocktails? Gefrorenes Joghurt aus der Softeis-Maschine, »der« Hit in New York und seit Kurzem auch in Berlin? Popcorn? Pfannkuchen? Fischbrötchen? Die Maß Bier?

Dann abonniert man sich die Fachzeitschrift der Schausteller und ist genauestens informiert, in welcher Stadt wann ein Fest gefeiert wird. »Komm, Mutti, wir packen!« Und ab geht's: Heute Garmisch, nächste Woche Castrop-Rauxel und danach müssen wir nach Sylt zum Biikebrennen. Es gibt eine Maklerfirma, die auf solche originellen Imbissbuden spezialisiert ist und sie maßgeschneidert für weniger Geld bauen lässt, als man denkt.[6] Geschäftsführer Christian Freymann (61) sagt: »Immer mehr Leute kurz vor der Rente rufen bei uns an und möchten sich einen Pkw-Anhänger mit einer originellen Bude drauf maßgeschneidert anfertigen lassen, weil sie sich sagen: Rente kriegen, selbstständig sein und gleichzeitig immer mal wieder auf Reisen, das ist echt

---

6 *Schicken Sie dem Autor dieses Buches einfach eine Mail, falls Sie das interessiert; der Kontakt ist rasch hergestellt.*

eine Alternative zum Schrebergarten. Denen vermitteln wir ihre neue Existenz ab 65, nagelneu und manchmal unglaublich kreativ gestaltet: Der eine Rentner will eine Westernkutsche, der andere einen Leuchtturm usw. Es gibt so viele Gastro-Trends, die schnelle Küche wird immer begehrter, und warum nicht mit 65 noch einmal ganz neu anfangen?«

Übrigens sagt er auch, dass vor allem Frauen ganz wild auf so ein »rollendes Gewerbe« sind: »Dass der Mann den ganzen Tag bei ihnen zu Hause herumsitzt, können sie sich nur schwer vorstellen. Reisen wollten sie sowieso schon immer gern. Also lassen sie sich einen Verkaufsanhänger nach ihrem Geschmack und ihrer persönlichen Marktlücke bauen und fahren damit von einer Stadt zur anderen. Ich bekomme mehrmals im Monat Postkarten von Rentner-Paaren, die dabei total glücklich sind!«

Grund Nr. 27

Dritte Zähne, drittes Leben

Der eine auf Rente lässt sich hängen, lässt sich treiben, lässt sich gehen. Das ist nicht schön und macht frühzeitig alt. Der andere sagt: Ich habe jetzt meine dritten Zähne, also fange ich parallel dazu auch mein drittes Leben an. Ich mache etwas ganz anderes als bisher.

Raus aus den geordneten Verhältnissen! Keine Zwänge mehr! Ich wollte raus, nun bin ich raus, nun mache ich was draus! Meistens gibt es aber Menschen im persönlichen Umfeld, die krasse Gegenargumente bringen und dabei auch ziemlich aggressiv werden können. Oftmals sind es die eigenen Kinder oder Schwiegersöhne bzw. -töchter, die das gar nicht so witzig finden. Ob in dem einen oder anderen Fall dabei auch die Sorge ums Erbe eine Rolle spielt, kann man nur vermuten. Aber nie beweisen. Denn eines ist doch sicher: Wer mit den dritten Zähnen noch ein drittes Leben beginnt, der wird nicht viel vererben. Der wird alles schön verballern, volles Risiko!

Entweder wird man mit 80 noch Millionär, oder das Ersparte ist dahin (wobei die Chance wahrscheinlich größer ist, dass Letzteres eintrifft, aber dann hat man wenigstens noch mal so richtig Spaß gehabt). Also, ein »drittes Leben« muss her. Man sollte dafür keinesfalls eine bestehende Versicherung mit Verlust verkaufen, aber man könnte zum Beispiel das Eigenheim aufgeben.

Sicher: Man hat es einmal gebaut, damit man den Kindern etwas hinterlassen kann. Aber jetzt stellt man plötzlich fest, dass es den Kindern auch so gut geht, und wegen des Eigenheims werden sie ganz bestimmt nicht öfter zum Friedhof kommen, um dort die Blumen zu gießen. Ob die Kinder einen wirklich lieben, stellt man doch ohnehin erst fest, wenn man ihnen eine Mail schreibt im Sinne von: »Wir haben beschlossen, unser ganzes Geld auszugeben, bevor wir sterben, also macht euch keine Hoffnungen aufs

Erbe«– sofern sie danach noch regelmäßig zu Besuch kommen, sind es gute Kinder. Sonst nicht.

Also sind häufig die Kinder dagegen, dass man auf Rente das dritte Leben beginnt. Es können aber auch andere sein. Die eigene Frau zum Beispiel, der eigene Mann, die Nachbarn, die Freunde und natürlich die Behörden. Es gibt eine Menge Steine, die einem in den Weg gelegt werden. Es gibt Vorschriften, deren Sinn nicht einmal die EU begreift. Aber es gibt sie trotzdem. Unter zehn Behörden kommt man nicht aus, wenn man sich mit 65 noch mal selbstständig machen möchte. Arbeitsschutz, auch wenn man gar keine Arbeiter hat. Die schützen einen vor einem selber! Gesundheitsamt, Umweltbehörde, Ordnungsamt, Veterinär- und Lebensmittelamt, es gibt Bauvorschriften, komplizierte Genehmigungsverfahren, Einspruchsfristen, man kriegt von allen möglichen Behörden Besuch und muss ständig irgendetwas erklären, zu Protokoll geben, nachbessern oder strittigen Widerspruch einlegen, was auch nicht so witzig ist.

Aber letztendlich macht das alles einen tierischen Spaß. Man hat mehr vor als in den letzten Jahren, wo man in der Firma gewesen ist. Man schläft weniger und fühlt sich besser. Man entdeckt sich selbst. Man wird ein neuer Mensch. »Dritte Zähne« klingt nach alt, aber hier geht es ums »dritte Leben«, und das ist echt etwas ganz, ganz Frisches. Wenn man sich traut. Ideen gibt es genug. Sind Sie schon mal auf die Idee gekommen, handgemalte Kacheln mit einem Motiv Ihrer Heimatstadt zu verkaufen? In Holland gibt es Firmen, die solche Kacheln auf Wunsch produzieren, und die Gewinnspanne ist hoch. Fragen Sie den Autor dieses Buches auch danach!

Alles schon gut vorbereitet

Sie sind ja nicht blöd. Sie wird die Rente nicht kalt erwischen. Schließlich erfahren Sie nicht erst mit 65, dass Sie ab sofort nicht mehr zur Arbeit müssen. Sie hatten einige Jahre Zeit, sich auf den Tag X vorzubereiten. Und genau das werden Sie bereits getan haben. Gut vorbereitet können Sie sich wirklich auf die Rente freuen! Natürlich haben Sie längst eine Datei im Computer, auf der alle wichtigen Kontakte für den Tag X gespeichert sind: die besten Lieferanten und andere Geschäftspartner, gute Kunden usw., halt alles, worum blutige Anfänger erst kämpfen müssen.[7] Die letzten Urlaube ihres Berufslebens haben Sie dort verbracht, wo Sie nach dem Tag X Ware einkaufen werden (vielleicht möchten Sie mit guten Weinen aus Griechenland handeln, nostalgische DDR-Produkte vermarkten oder Motorräder aus den Staaten importieren?). Sie haben keine Eile und keinen Druck, denn noch beziehen Sie Ihr Geld vom Arbeitgeber. Aber genau der wird sich wundern, wozu Sie noch fähig sind. Und er wird den Tag verwünschen, an dem er Sie hat gehen lassen.

Und wenn Sie die Branche nach dem Tag X wechseln möchten? Auch dann haben Sie in den letzten Berufsjahren genug Zeit, um sich in die neue Materie hineinzufuchsen. Denn so heftig wie früher, als Sie noch jung waren und unbedingt Karriere machen wollten, sind Sie heute nicht mehr gefragt in Ihrem Betrieb. Außerdem gibt es ja die langen Nächte: Verzichten Sie auf Ihr Feierabend-Bierchen und setzen Sie sich lieber gleich an den Computer, um im Internet Kontakte zu knüpfen! Mit einem Mineralwasser neben dem Rechner bleiben Sie länger wach, und ungefähr bis Mitternacht können Sie richtig was wegschaffen.

---

7 *Beachten Sie hier die allseits bekannten rechtlichen Probleme wie Datenklau usw.*

Das Internet ist sowieso des künftigen Rentners bester Freund. Sie bekommen auf jede Frage eine Antwort. Experten gibt es für alles. Die meisten Firmen geben gern und gratis Auskunft über Produkte, Verkaufsstrategien und Herstellungsmethoden. Wenn Sie einen Gewerbeschein haben (und den kriegen Sie leicht), können Sie für alle möglichen Firmen als Verkäufer arbeiten und für jeden Abschluss eine fette Provision kassieren. Sie können zum Beispiel ein Produkt bestellen, nach kräftigen Rabatten bei Massenabnahme fragen und es weiterverkaufen! Was genau Sie nach dem Tag X machen werden, das hängt unter anderem auch von Ihrem Instinkt für eine Marktlücke und von Ihrer persönlichen Lebenssituation ab, zum Beispiel auch von Lagerkapazität und Liquidität. Sie müssen sich nur trauen und alles gut vorbereiten. Genau dafür sind die letzten Jahre vor dem Tag X ideal!

Denken Sie niemals eng, denken Sie global. Vielleicht gibt es in Nowosibirsk eine Strickerin, die wunderbare russische Strickjacken in Handarbeit herstellt und für jede Jacke, die sie für 15 Euro verkauft, einen Luftsprung macht? Und Sie sind sicher, dass Sie im Nu mindestens 100 dieser Jacken in Düsseldorf oder Berlin für 75 Euro an den Einzelhandel verkaufen könnten, der sie dann für 150 Euro an den Endverbraucher weitergibt? Dann machen Sie das! Und verbringen Sie die letzten fünf Urlaube vor dem Tag X in Nowosibirsk. Irgendwelche Bedenken, dass Sie vielleicht eine arme russische Näherin ausbeuten mit Ihrem Mini-Raubtier-Kapitalismus? Vergessen Sie's. Dies wäre eine Win-win-Situation, denn über Nacht verhelfen Sie der russischen Näherin zu dem größten Auftrag, den sie jemals hatte.

Allein die Vorfreude macht einen Heidenspaß

Wer ein Geschäft aufmacht, der bringt einen gewissen Grundoptimismus mit. Der ist auch notwendig und sozusagen naturgegeben, denn ohne ihn würde man die vielen Schwierigkeiten beim Selbstständigmachen überhaupt nicht durchstehen. Es ist die Überzeugung von der genialen Geschäftsidee, die uns bei Laune hält und immerfort zum Weitermachen bringt. Sonst würden wir viel zu früh aufgeben.

Die Vorfreude auf alles, was Sie nach dem Tag X machen werden, erhöht Ihren Adrenalinspiegel und hält Sie jung. Sie haben plötzlich wieder einen Heidenspaß an allem, was Sie tun – während es doch die letzten Jahre im Berufsleben nicht so wahnsinnig lustig gewesen ist. Endlich haben Sie die Möglichkeit, entsprechend Ihren Fähigkeiten richtig durchzustarten! Die Vorfreude ist vielleicht etwas übertrieben. Aber egal: Sie werden das durchziehen. Es gibt keinen Tag mehr, an dem Sie in der Routine des Alltagsjobs versinken. Jede freie Minute investieren Sie in das neue Geschäft. Die Kollegen wundern sich bestimmt schon, wie aktiv Sie plötzlich sind. Die ahnen ja nicht, dass Sie längst Ihr »drittes Leben« vorbereiten! Ungefähr ein Jahr vor der Rente sollten Sie damit anfangen, Kontakte zu knüpfen und am Businessplan zu arbeiten (den brauchen Sie für die Bank, denn die Kosten laufen Ihnen garantiert davon, außerdem je nach Branche für die Baugenehmigung, den Flächennutzungsänderungsplan, für andere Aufsichtsbehörden und für weitere Spaßbremsen, von denen Sie im Moment vielleicht noch gar nichts ahnen). So ein Businessplan ist echt wichtig. Er schreibt sich auch nicht von alleine, sondern das ist richtig Arbeit! Also sollten Sie frühzeitig damit anfangen und nichts auf die lange Bank schieben. Sicher ist nur eins: Das Jahr, in dem SIE auf Rente gehen, das wird IHR Jahr. Und ist das etwa kein Grund, sich schon frühzeitig darauf zu freuen?

Jetzt zeigen Sie allen, was in Ihnen steckt

Sie machen Ihren Job seit mehr als vier Jahrzehnten. Kaum anzunehmen, dass Sie all die Jahre ständig Vollgas gegeben haben. Anfangs garantiert nicht, denn als ganz junger Mensch ist man noch nicht so scharf drauf. Dann kam die Phase, wo Sie unbedingt Karriere machen wollten. Da haben Sie sich voll aufgerieben. Sie hatten ja ein Ziel. Und die Welt schien Ihnen offenzustehen.

Egal, wie weit Sie es in Ihrem Job gebracht haben: Irgendwann ging Ihre Leistungskurve wieder nach unten. Nicht gleich und nicht steil, sondern ganz sanft und kaum spürbar. Aber doch von Jahr zu Jahr ein bisschen mehr. Sie haben das für normal gehalten, und es war auch normal: Schließlich sollten jetzt mal die Jüngeren zeigen, was sie können! SIE hatten ja wirklich genug geleistet.

Bis jetzt, also kurz vorm Erreichen des Rentenalters, haben Sie sich zurückgenommen. Und was die letzten Jahre angeht, so könnte man sagen, dass Sie – na ja, nicht gerade auf Sparflamme gekocht, aber doch massiv einen Gang runtergeschaltet haben. Ganz bewusst. Und mit einem guten Gewissen. Aber ... Wussten Sie nicht insgeheim, dass Sie *eigentlich* viel mehr leisten könnten? Sie waren doch noch gar nicht müde. Da war doch noch Luft nach oben! Wenn Sie die richtige Motivation gehabt hätten (es ist ganz natürlich, dass man mit 60 nicht mehr so motiviert ist wie mit 30), dann ... Ja, in Ihnen steckt mehr, als die letzten Jahre vermuten ließen. Sie waren nur eben nicht mehr so gefragt wie früher.

Sehen Sie: Sobald Sie auf Rente sind, wird sich das schlagartig ändern. Von heute auf morgen werden Sie endlich allen (Sie eingeschlossen) beweisen können, was noch in Ihnen steckt. Sie haben die Chance, dann richtig Gas zu geben. So wie früher! Sie werden es allen zeigen. Sie starten noch mal richtig durch. Und das ist einer der schönsten Gründe, sich auf die Rente zu freuen.

Es weiß kein Mensch, wie lange er noch hat. Es gibt viele, die kurz nach der Rente den Löffel abgeben. Aber es gibt keine Erkenntnisse darüber, dass Aktivitäten im Rentenalter die Lebensdauer verkürzen. Andererseits gibt es sehr viele Erkenntnisse darüber, dass Menschen auf Rente in ein tiefes Loch fallen können, wenn sie plötzlich nichts mehr zu tun haben. Sie fühlen sich nutzlos. Sie können nicht loslassen. Sie schauen ständig auf die Uhr: Jetzt ist Schichtbeginn, jetzt ist Mittagspause, jetzt ist das tägliche Meeting, jetzt machen die dies, jetzt machen die das. Es grenzt schon fast an Selbstzerstörung, was da bei so manchem Rentner abgeht.

Natürlich nervt er die Frau, oder sie nervt ihn. Die große Leere macht unzufrieden und gereizt. Man wird rasch ungerecht. Nichts kann man dem Rentner auf der faulen Haut recht machen. Viele Ehen scheitern, wenn die Rente kommt. Weil die beiden einfach niemals gelernt haben, derart eng aufeinanderzuhocken. Weil es Teil des Deals war, dass mindestens einer die meiste Zeit weg ist.

Wenn Sie jetzt aber eine gute Idee entwickeln und sie konsequent durchziehen, wenn Sie sich nicht lange ausruhen, sondern Ihre einmalige Chance nutzen: Dann haben Sie all diese Probleme gar nicht erst. Dann können Sie einfach so weitermachen. Nur ohne die ganzen Beschränkungen, die Ihnen die Firma abverlangt hat und die zum Teil auch mit Ihrer eigenen mangelnden Motivation zu tun hatten. Jetzt geben Sie 120 Prozent! Weil Sie noch jung genug sind – und weil es jetzt für SIE ist.

Die jungen Kollegen
werden sich noch wundern

Da hat sich vieles angestaut, da war viel Missmut im Spiel, Unverständnis, Kopfschütteln und auch eine gewisse Resignation. Ständig sind junge Kollegen ohne viel Erfahrung an Ihnen vorbeigezogen. Ihre Fachkenntnis, Ihre Abgeklärtheit war in den letzten Jahren nicht mehr in dem Maße gefragt, wie Sie sich das gewünscht hätten. Das können Sie ruhig zugeben! Es geht Millionen Arbeitnehmern ebenso wie Ihnen. Die Zeiten sind nun mal so.

Nehmen Sie nur mal das Missverhältnis zwischen dem Gebot der Kundenzufriedenheit auf der einen Seite und den Sparvorgaben des Arbeitgebers auf der anderen. Das passte doch längst nicht mehr zusammen. Sie waren einer der Letzten, die noch auf Kundenzufriedenheit als höchstes Gut der Firma gepocht haben. Um einen Kunden zufriedenzustellen, muss man aber investieren: Zeit, Kraft und Kapital. Das zahlt sich aus, denn der Kunde kommt beim nächsten Mal wieder. Das ist, so ganz grob gesagt, Ihre Position.

Auf der anderen Seite steht der Sparzwang, dem sich die Arbeitgeber unterwerfen. Der schnelle Euro ist gefragt. Geiz ist angeblich geil. Ein Sonderangebot jagt das andere. Rabatte, Rabatte. Kauft bei uns! Billiger geht's nicht! Verständlich war das, bis zu einem gewissen Punkt jedenfalls: Die Konkurrenz ist ja immer größer geworden, und Kundenservice wurde zunehmend kleingeschrieben. Ganz klar, dass junge aufstrebende Mitarbeiter heutzutage mit einer ganz anderen Einstellung an den Kunden herantreten, als Sie das gewohnt sind.

Nehmen wir mal einen Beispiel-Kunden und zwei Beispiel-Baumärkte. Der Kunde ist Herr B. Er möchte gern einen Stall für seinen Hasen bauen. Angefangen hat er schon, aber jetzt gibt es ein Spezialproblem, es fehlt ihm eine bestimmte Schraube, und deshalb geht er jetzt in einen Baumarkt.

Herr B. hat zwei Baumärkte zur Auswahl. Den einen kennen Sie aus der TV-Werbung. Herr B. braucht 17 Minuten, um einen Verkäufer zu finden. Dem schildert er sein Problem. Der Verkäufer zuckt mit den Achseln und führt ihn an ein Regal, in dem es möglicherweise die passende Schraube geben könnte, aber nur im 100er-Pack, »einzeln haben wir die leider nicht«, und eine korrekte Beratung war es auch nicht, denn hinter dem Verkäufer lauerten schon sieben neue Kunden, die auch eine Spezialfrage hatten und froh waren, dass sie jemandem, der wenigstens aussah wie ein Verkäufer, so lange auf Schritt und Tritt folgen konnten, bis dieser Dummkopf (Herr B.) sich endlich für eine Schraubenpackung entschieden hatte.

Herr B. hat sich am Ende gegen das 100er-Pack entschieden, weil er ja nicht 100, sondern nur eine Schraube brauchte, und er ging in den zweiten Baumarkt. Dies war einer von gestern, irgendwie. Es gab einen Tresen zwischen dem Kunden (Herrn B.) und dem Verkäufer. Der trug einen Blaumann. Die Schlange vor dem Tresen war sehr lang. Herr B. stellte sich an. Es dauerte circa 28 Minuten, bis er an der Reihe war. Er schilderte sein Problem. Der Blaumann hatte Zeit und Geduld. Er hörte sich das Problem genau an. Dann verschwand er für einige Minuten, kam zurück, legte Herrn B. die passende Schraube auf den Tresen, gab noch einige gute Ratschläge, tippte den Betrag in die Kasse ein (0,29 Euro) und wandte sich bedächtig dem nächsten Kunden zu.

Baumarkt Nr. 2 ist nicht gut, oder? Wie kann der sich halten?

Er wird überleben, weil Herr B., wenn er wieder mal ein Problem hat, garantiert genau dorthin gehen wird und nicht in den Baumarkt Nr. 1, der immer im TV Werbung macht. Sie – um wieder auf Sie zurückzukommen – sind auch eher ein Typ für Baumarkt Nr. 2, aber Ihre Firma ist inzwischen so wie Baumarkt Nr. 1, und das ist längst nicht mehr Ihr Ding. Blutjunge Nachwuchs-Manager ohne den geringsten Schimmer von Kundenbindung und seriöser Beratung peitschen den Gewinn nach oben und halten Mitarbeiter wie Sie für Dinosaurier, die überhaupt nicht mehr in die heutige Zeit passen.

Aber wenn Sie erst auf Rente sind, dann werden Sie es den jungen Leuten zeigen. Dann werden Sie beweisen, dass man gleichzeitig eine gute Kundenbindung haben *und* Gewinn machen kann. Weil Sie nämlich auf Rente noch einmal so richtig durchstarten werden! Egal, ob Sie in einer Spedition arbeiten (dann vielleicht auf irgendein Transportproblem spezialisiert?), in einem Finanzamt (dann vielleicht als Finanzberater?) oder in einem Supermarkt (dann vielleicht als »Onkel oder Tante Emma«): »Qualität zahlt sich aus« ist im dritten Berufsleben Ihr Motto. Und endlich können Sie mal so, wie Sie nie durften.

Vielleicht werden Sie sogar reich damit

Aber darauf freuen Sie sich jetzt besser nicht. Und schon gar nicht dürfen Sie davon ausgehen. Aber freuen können Sie sich darauf, dass es überhaupt gar kein Geschäft gibt, mit dem einige wenige begnadete Glückspilze nicht doch reich geworden wären. Und warum sollten ausgerechnet Sie kein begnadeter Glückspilz sein?

Wobei ja ohnehin die Frage ist, was Sie unter Reichtum verstehen. Wenn Sie, sagen wir mal, eine Bierstube haben und um Mitternacht stehen die Leute in zweiter Reihe an, könnten Sie sich nach Feierabend bei einem Blick in Ihre Kellnertasche schon ziemlich reich fühlen. Sind Sie Finanzberater und kassieren von geschickten Investitionen Ihrer Kundschaft einen gewissen Prozentsatz, fühlen Sie sich vielleicht erst ab einem sechsstelligen Jahreseinkommen reich. Oder für Sie hat Reichtum überhaupt nichts mit Geld zu tun. Dann können Sie sich auf jeden Fall auf einen Reichtum an Erfahrung freuen, den Ihnen niemand nehmen kann – auch wenn Sie sich total verkalkulieren und Ihr »drittes Leben« wider Erwarten doch in die Hose geht.

Reich sein. Sie werden reich an sozialen Kontakten sein und vermutlich mehr nette Menschen kennenlernen als in den letzten Jahren davor. Weil Sie sich erstmals die Zeit nehmen können, einen netten Menschen wirklich nett zu behandeln. Sie werden im Kopf reich. Weil Sie Ihre grauen Zellen möglicherweise erstmals richtig bis an die Belastungsgrenze bringen müssen, woraufhin die wachsen und wachsen und »mehr davon« rufen. Reich werden Sie auch an Erfolgserlebnissen. Es ist ein ganz anderes Gefühl, auf eigene Rechnung zu arbeiten, als nur ein kleines Rad im Getriebe zu sein! Also, auch wenn der Jahresumsatz Ihres neuen kleinen Geschäftes nicht höher sein wird als Ihr Lebensalter mit drei Nullen hintendran: Reich werden Sie als Rentner auf jeden Fall. Wenn Sie sich was trauen.

Oder Sie lassen erst einmal die Seele baumeln

Nahtlos aus der einen Tretmühle in die andere hinein, das ist vielleicht nicht unbedingt die allerbeste Lösung. Sie sollten sich eine Auszeit gönnen, wenn Sie endlich die Chance dazu haben. Eine Reise machen (dazu kommen wir im nächsten Kapitel), den Garten auf Vordermann bringen, mit den Enkeln an die See oder in die Berge fahren oder einfach lernen, dass man sich durchaus einen ganzen Tag mit einem Buch beschäftigen kann. Vielleicht müssen Sie erst einmal Abstand gewinnen. Die Gedanken sind in den ersten Wochen ohnehin noch ständig in der Firma. Und dabei geht es nicht nur um die Frage, wie die wohl ohne Sie zurechtkommen.

Die Firma hat Ihnen ja vieles abgenommen, was Sie nun selber regeln müssen, und diese Funktion der Firma sollte man nicht unterschätzen: So wie viele in Ostdeutschland nach der Wende Probleme hatten, sich ohne die schützende (wenn auch undemokratische) Hand des Staates zu behaupten, so fehlt Ihnen jetzt auch etwas. Zum Beispiel zwingt Sie jetzt niemand mehr, morgens aufzustehen. Sie müssen die Regeln des Stils und der Hygiene nicht mehr einhalten, weil Sie nirgendwo mehr hin müssen, wo darauf geachtet wird. Sie könnten sich theoretisch sogar gehen lassen und mittags immer noch in Schlafanzug und Puschen herumlatschen. Sie müssen sich nicht mehr rasieren. Als Frau müssen Sie nicht mehr zum Friseur, um schick auszusehen. Sie können vergammeln.

Und das wäre ein Riesenschritt auf dem Weg zu Ihrem eigenen Grab. Trotzdem ist eine gewisse zeitlich begrenzte Auszeit gar nicht schlecht. Der Mensch ist nun mal so: Er kann etwas nur genießen, wenn er auch das Gegenteil kennt. Also machen Sie vielleicht am besten erst einmal gar nichts, bis Ihnen die Decke auf den Kopf fällt oder, falls Sie verreisen, Sie das Heimweh überkommt. Dann fahren Sie wieder nach Hause und machen genau das, was Sie schon immer machen wollten.

Wenn Sie allerdings den einen oder anderen Ratschlag aus diesem Buch beherzigen, dann wird das schwierig. Konkret ist der Ratschlag gemeint, das »dritte Leben« bereits Jahre vorher anzupeilen, vorzubereiten und aufzubauen. Wenn Sie das gemacht haben, dann werden Sie so neugierig auf den Start sein und ihn so sehnsüchtig herbeiwünschen, dass Sie garantiert keine Auszeit nehmen möchten. Es sei denn …

Es sei denn, weil Sie ja in einer guten Partnerschaft leben, dass da jemand verdammt sauer wäre, wenn Sie jetzt nicht sofort ein Flugticket buchen würden. Hallo: Sie sind nicht allein! Da ist noch jemand an Ihrer Seite, auch wenn Sie den oder (wohl eher) die bisher wie eine Art Möbelstück behandelt haben! Die (bleiben wir dabei, dass es sich um Ihre Frau handelt und nicht um Ihren Mann) – die also sehnt sich vielleicht schon 20 Jahre danach, dass Sie endlich mal mehr Zeit für sie haben! Dann können Sie sich jetzt natürlich nicht nahtlos von dem einen Stress in den nächsten stürzen, sondern Sie müssen ihr dieses Vergnügen gönnen.

Aber keine Angst, das dauert nicht lange. Sie wird sich schon bald wehmütig an die schöne Zeit zurückerinnern, als Sie noch jeden Tag auf Maloche waren und ihr nicht ständig reingeredet haben. Sehen Sie: Genau das ist der Moment, um mit ihr über Ihre neuen, alles bisher Dagewesene in den Schatten stellenden Pläne zu sprechen. Sie wird begeistert sein.

5. KAPITEL

Das Reisen ist des Rentners Lust

Sie wollten doch längst schon mal irgendwohin

Wir kommen jetzt zu einem ganz besonders schönen Teil des Buches, denn es hat durchaus nicht jeder Lust, das letzte Lebensdrittel im Vollstress zu verbringen (davon war ja im vorigen Kapitel die Rede). Es gibt sogar mit hoher Wahrscheinlichkeit eine Menge Leser, die das vierte Kapitel dieses Buches überhaupt nicht gut fanden. Die sagen: Nein! Ich will das alles gar nicht – dieses Risiko, wieder Stress, vor Sorgen nicht einschlafen können, an Umsatz und Gewinn denken müssen, kalkulieren, mit Lieferanten feilschen, unangenehme Kunden in Kauf nehmen und all das. Ich bin dazu viel zu müde. Ich will eigentlich nur noch meine Ruhe. Und die habe ich, wenn ich endlich auf Rente darf.

Absolut legitim. Es gibt dafür wirklich sehr gute Gründe. Mit denen beschäftigen wir uns jetzt. Wollten Sie nicht schon längst mal irgendwohin? Dann freuen Sie sich jetzt darauf, dass es endlich möglich sein wird. Vielleicht leben die Enkel in einer weit entfernten Stadt, und Sie haben sie bisher viel zu selten gesehen? Auf Rente werden Sie sehr oft dort sein können. Und Ihre Kinder sind vielleicht ganz froh, wenn sie endlich einmal alleine verreisen dürfen: Denn die besten Babysitter sind doch immer noch die Großeltern. Das wird schön. Ihre Enkel werden ihren eigenen Enkeln noch davon erzählen, was für einen Unfug Sie miteinander angestellt haben! Genießen Sie das. Die Enkel werden so schnell groß. Angesichts dieser Tatsache sollten Sie wirklich nicht die schöne Rentenzeit damit verbringen, den einen Stress gegen den anderen einzutauschen. Das waren ja nur Ideen im letzten Kapitel, die nicht für alle gültig sind! Wenn Sie mögen, dann seien Sie künftig einfach nur noch für Ihre Enkel da.

Oder Ihre Kinder haben einen Hund. So eine Hundepension ist nicht billig, wenn man verreisen möchte. Unter 13 Euro am

Tag bekommt man gar nichts. Es gibt aber auch Pensionen, die bis zu 70 Euro am Tag nehmen; das sind dann schon richtige Hunde-Hotels mit Plüschsofa, Einzelzimmer, TV usw. Aber egal: Die besten Hundesitter der Welt sind doch die eigenen Eltern. Also ziehen Sie dort ein, während die Kinder Urlaub machen. Ist jetzt doch egal, wo Sie leben!

Oder Ihre erste große Liebe lebt seit 50 Jahren glücklich verheiratet in Kanada, und Sie möchten diesen wertvollen Menschen unbedingt noch ein einziges Mal wiedersehen? Bald wird es möglich sein. Sie müssen nur noch bis zur Rente warten, dann holen Sie sich ein Ticket und fliegen einfach hin. Wie viel werden Sie sich zu erzählen haben, wie lebendig wird die Vergangenheit sein! Es wäre total schade, wenn Sie das nicht machen. Lassen Sie sich diesen verwegenen Plan keinesfalls ausreden: weder von Ihrem Partner oder Ihrer Partnerin noch von den Kindern. Am besten reden Sie gar nicht so viel darüber. Tun Sie es einfach. Am besten natürlich zu zweit.

Oder Sie haben schon lange daran gedacht, einmal die Wurzeln Ihrer Familie näher zu erforschen. Vielleicht stammt Ihre Mutter so wie meine aus einem kleinen polnischen Dorf, von dem sie in Ihrer Kindheit immer so viel erzählt hat? Das Dorf von meiner Mutter hieß Litschetschewo, jedenfalls hat sie es immer so ausgesprochen, aber es schreibt sich vermutlich ganz anders. Mit Litschetschewo oder wie auch immer ist meine gesamte Kindheit verbunden. Was stellte ich mir vor: niedrige Häuser, einige Hühner auf der staubigen Dorfstraße und ein etwas höher gelegenes, sehr feines und gepflegtes großes Haus mit einem Rasen, in dem mein Opa mit seiner Familie gelebt hat und wo auch eine Schule drin war. Mein Opa mütterlicherseits war nämlich Lehrer in Litschetschewo, wenn ich mich richtig erinnere, und man lebte damals als Lehrer direkt in der Schule. Meine Mutter hatte langes schwarzes Haar und war die klügste Schülerin, glaube ich. Ihre Brüder waren in meiner kindlichen Erinnerung eher Nichtsnutze und die meisten davon sind dann später im Krieg gefallen, überhaupt ging alles den Bach runter, irgendwann sehe ich meine Mutter zu Fuß nach Westen flüchten, weil die Russen kamen, und dann war alles im Eimer. Da war Polen in Not. Sie hatten einen Pferdewagen dabei und als Kind habe ich niemals verstanden, warum sich meine Mutter nicht hintendrauf gesetzt hat. Das wäre doch viel bequemer gewesen als zu laufen, oder? Und so schwer kann sie doch nicht gewesen sein, dass die Pferde deshalb umgekippt wären. Ist jedenfalls alles schon sehr lange her, und fragen kann ich meine Mutter auch nicht mehr. Nur Litschetschewo, diesen Ort werde ich nie vergessen. Wie auch immer er sich schreibt, wo auch immer er liegt.

Na ja. Ich würde übrigens nicht dorthin fahren, weil ich viel zu viel Angst um mein Auto hätte, an dem ich sehr hänge. Aber hier geht es darum, dass Sie Ihren Traum auf Rente wahrmachen können. Freuen Sie sich drauf!

Es gibt da diesen Reisetraum

Es muss ja nicht der Ort sein, wo Ihre Familie ihre Wurzeln hat. Manchmal sind es Kindheitserlebnisse, ein Film, ein Buch, ein irgendwas. Ihr Leben wäre reicher, wenn Sie diesen Traum verwirklichen würden. Und zwar immer mit dem Risiko, dass Sie enttäuscht zurückkommen, das muss man vorher wissen! Haben Sie als Kind Hermann Hesse verschlungen und seitdem eine unstillbare Sehnsucht nach Indien? Räucherstäbchen, Frauen mit dem Punkt auf der Stirn, »Slumdog Millionär« im Kino gesehen, und selbst die vielen Berichte über grenzenlose Armut, furchtbares Unrecht und unhaltbare hygienische Zustände werden Ihnen diesen Reisetraum nicht nehmen können. Da müssen Sie hin!

Manch einer träumt von Saltkrokan. Zwar hat Astrid Lindgren sich diese Schäre nur ausgedacht, aber es gibt viele kleine Inseln in der schwedischen Ostsee, die so sind wie diese. Als Kind hat man den Film gesehen (»Ferien auf Saltkrokan«), man hat mit Melker, dem Träumer, geträumt und hätte so gern den wuscheligen Bernhardiner »Bootsmann« sein Eigen genannt. Ferien auf so einer Insel blieben immer ein Traum, aber jetzt? Jetzt könnten Sie doch! Aber: Vermutlich kommt man mit sehr vielen Mückenstichen zurück.

Etwas ernüchtert beschrieb kürzlich Annette Kögel im Berliner »Tagesspiegel« den Versuch, ein Traumziel zu erreichen. »Traumziele? Na ja, nirgends landet man so schnell auf dem Boden der Tatsachen wie bei der Ankunft an einem dieser vermeintlichen Traumziele. Immer ist alles komplett anders, als man sich es vorgestellt hat. Etwa Samoa in der Südsee. Noch nie ist unsereins beklaut worden im Urlaub, aber dort, in der offenen Fale-Basthütte am Strand. Das persönliche Dorado sieht doch irgendwie anders aus (...) Längst packe ich keine Erwartungen mehr ins Gepäck. Und reise trotzdem immer noch voller Leidenschaft.«

Grund Nr. 36

Immer wieder in die Kälte zurückfliegen müssen ist irgendwie blöd

Das haben Sie am Urlaub immer gehasst: dass Sie hinterher zurückfliegen mussten. Auf Fuerteventura stiegen Sie bei 24 Grad in den Flieger und hatten die Winterklamotte im Handgepäck. Die sah auf Fuerte blöd aus, aber für das Sch...wetter zu Hause war sie eher zu frühlingshaft. In Düsseldorf stiegen Sie aus und kriegten den totalen Kälteschock. Sie wechselten die Schuhe, weil Matsch die Straßen bedeckte. Die Menschen wirkten verbissen und klamm. Niemand lächelte Sie an. Der Taxifahrer war patzig. Die Tour war ihm zu kurz. Er stellte den Scheibenwischer an, denn es hatte Schneeregen eingesetzt. Sie dachten zurück an Fuerte und hatten Heimweh nach Urlaub. Kälte kann schlimm sein, wenn man aus der Wärme kommt. Und dann am nächsten Morgen, beim Auspacken, da hatten Sie wieder diesen Geruch von Meer und Sonne in der Nase; der war im letzten verschwitzten T-Shirt mit in die kalte Heimat zurückgeflogen. Aus Ihren Strandschuhen rieselte eine Prise Vulkansand, und das mitgebrachte Souvenir fühlte sich in Ihrem Wohnzimmer nicht sehr wohl. Ach, hätten Sie doch bleiben können.

Sie können! Jetzt bald! Als Rentner! Sie müssen nicht mehr zurück! Sie können verlängern, bis in D der Frühling die Knospen platzen lässt und die Menschen wieder einigermaßen entspannt wirken, bis die Straßencafés geöffnet, die Sonnenschirme aufgespannt und die Röcke der Mädchen wieder kürzer werden. Kein Mensch kann Sie jemals wieder zwingen, ausgerechnet in der unangenehmsten Jahreszeit eine der schönsten und angenehmsten Gegenden der Welt zu verlassen, um im Glatteis vor Ihrer Haustür einen Oberschenkelhalsbruch zu riskieren. Warum haben Sie sich das bisher angetan? Weil Sie nur begrenzten Urlaub hatten. Rente *ist* Urlaub. Freuen Sie sich drauf. Und – machen

Sie all das wahr, wovon der arbeitende Teil der Bevölkerung nur träumen kann!

Natürlich ist das nicht so einfach, wie sich das hier liest. Man muss ja auch rechnen als Rentner. In D zahlen Sie Miete, und das Hotel auf Fuerte kostet auch. Na ja, die Heizung zu Hause können Sie klein stellen, aber ganz aus wäre zu riskant. Spart nicht sooo viel. Die Wohnung für einige Monate vermieten? Geht nur in den großen Messestädten und ist auch nicht jedermanns Sache. Schließlich hat man da ja seine ganzen privaten Sachen! Also muss man etwas kreativ sein und natürlich braucht man auch die richtige Partnerin oder den richtigen Partner, um so einen Plan durchzurechnen und durchzuziehen. Zum Beispiel könnten Sie einmal darüber nachdenken, ob Sie im Winter wirklich ein Hotel brauchen. Gibt es nicht dort, wo Sie gern Urlaub machen, ein kleines Apartment für wenig Geld? Natürlich gibt es das. Sie müssen nur danach suchen. Ihre einheimischen Freunde, die Sie dort in all den Urlaubsjahren gefunden haben, helfen Ihnen bestimmt gern. Sie brauchen keine Vollpension. Ein Weißbrot, ein guter Fisch direkt vom Kutter und eine Flasche Landwein: Alles zusammen für sieben Euro, und es ist eine volle Mahlzeit für zwei. Schmeckt auch garantiert leckerer als das Buffet im Hotel …

Erst auf Rente können Sie all das tun, was der Mensch eigentlich sein ganzes Leben lang tun sollte: für wenig Geld glücklich leben und die anderen arbeiten lassen. Die Füße im Wasser, über Ihnen ein Sonnenschirm, ein gutes Buch, die Enkel kommen zu Besuch, hoch oben winken die Berge, auf deren Gipfeln etwas Schnee liegt, hier unten haben Sie die angenehmste Wärme, und es will niemand etwas von Ihnen außer Liebe. Schön, oder? Es ist paradiesisch. Es ist die Rentenzeit.

Spanien ist ziemlich billig

Ach ja, da liest man so viel: Angeblich ist die goldene Zeit für deutsche Urlauber in Spanien ja vorbei, mit dem Euro hat alles angezogen, fürchterlich, da kann man ja gar nicht mehr hin. Vergessen Sie das! Es ist nicht so. Etwas abseits von den großen Touristenzentren, wo die Einheimischen essen gehen, kommen Sie immer noch billig zu einem richtig guten Essen. Ein Mietwagen in Spanien kostet so gut wie nix; wenn Sie rechtzeitig buchen, finden Sie im Internet Angebote um die 14 Euro pro Tag. Der Sprit ist eine Lachnummer. Falls Sie rauchen, bringen Sie sich dort unten für die Hälfte der Kohle um Ihre Gesundheit. Und wenn Sie viel rauchen, ist das ein richtiger Kostenfaktor, den Sie in Ihre Kalkulation unbedingt mit einfließen lassen müssen!

Und dann das Trinkgeld. Wenn Sie vor einer kleinen spanischen Bar sitzen und dort für lächerliche zwei Euro ein Frühstücks-Baguette mit Schinken und Käse sowie einen starken Kaffee in der Sonne genießen und geben dem Wirt 50 Cent Trinkgeld, dann läutet er vor Freude die Glocke, die er über dem Tresen hängen hat. Beim nächsten Besuch wird er Sie schon umarmen, und beim dritten Mal sind Sie sein bester Freund. Für Sie würde er sogar Deutsch lernen!

Sie als künftiger Rentner haben jetzt doch die Möglichkeit, alles genauestens auszuprobieren und zu testen. Werden Sie Ihr eigener Renten-Planer, kümmern Sie sich jetzt schon um die besten Adressen und die passende Gegend! Halten Sie sich fern von den Touristen. Denn wo die sind, da ist natürlich auch die Abzocke. Vier Euro für Pommes rot-weiß zahlt nur ein dummer Tourist, aber Sie essen genau dort, wo der Einheimische essen geht. Und der, das wissen Sie doch, zahlt keine Touristen-Preise. Spanien ist immer noch ein unglaublich preiswertes Land für uns Deutsche. Wenn man die Geheimtipps kennt.

Das ist sowieso das beste Rezept für die letzten Jahre vor der Rente: Frühzeitig müssen Sie sich auf die »schönsten Jahre des Lebens« vorbereiten. Keinesfalls sollten Sie unvorbereitet auf Rente gehen. So ungefähr die letzten fünf Urlaube vor dem Tag X gehören der gründlichen Planung. Denn schließlich wollen Sie ja noch 30 bis 40 Jahre gesund und munter die Früchte Ihrer Plackerei genießen! Am besten legen Sie einen Ordner an (systematisch zu arbeiten haben Sie doch die letzten Jahrzehnte gelernt, mit dem Wort »Leitz« sind Sie groß geworden, und Sie haben schon so viel unwichtigen Müll abgeheftet, stimmt's? Jetzt ist es endlich mal kein Müll): Also, Sie brauchen einen »Leitz«-Ordner, wo Sie hintendrauf schreiben »Ich auf Rente«, und da tun Sie alles hinein, was wichtig ist. Speisekarten, Visitenkarten, Anzeigen, Lagepläne, Ausdrucke aus dem Internet, Wohnungsangebote, einfach alles.

Schon bald, nach den letzten Urlauben als Berufstätiger, werden Sie den Ordner in einzelne Kapitel unterteilen müssen: »Adressen«, »Ideen«, »Korrespondenz«, »Wohnungen«, und wenn es ernst wird, auch »Finanzierung«, »Angebote« und »Engere Wahl«. Vielleicht gibt es am Ende ein Kapitel namens »Unsere Wohnung im sonnigen Süden«. Aber die braucht dann garantiert einen eigenen Leitz-Ordner.

Spanien war jetzt nur mal ein Beispiel. Sie müssen das eventuell auf Ihr Urlaubsland ummünzen. Neulich lief mal ein Film im Fernsehen über die Bretagne[8], da würde jeder gern alt werden, so wie die Landschaft aussieht. Oder Sie mögen gern in Wales sein, wo es ständig auf die Schafe regnet. Oder Sie lieben Afrika. Doch lieber eine kleine schwedische Insel? Dänemark? Was hindert Sie? Nix mehr. Bald sind Sie auf Rente!

---

8 *»Die Frau des Leuchtturmwärters«*

Grund Nr. 38

Auf Teneriffa treffen Sie nur auf lachende Deutsche

Der deutsche Urlauber kommt einem bisweilen etwas verbissen vor. Egal ob beim Kampf um die frühmorgens mit dem Handtuch besetzte Strandliege, am Buffet im Hotel oder wenn es irgendwo etwas umsonst gibt (dann ganz besonders): Entspannt wirkt er nicht gerade. Und dass andere (Engländer, Russen ...) noch unentspannter zu sein scheinen, ist eigentlich ein schwacher Trost.

Ganz anders die Dauer-Rentner (man nennt sie »Residenten«) auf Teneriffa oder auf einer anderen Sonneninsel. Sie werden staunen, wie entspannt die sind, und Sie werden sich schon bald wünschen, dass Sie einmal dazugehören. Braun gebrannt und mit strahlendem Lächeln lassen sie den Sonnentag etwas später beginnen. Dann treffen sie andere ebenso fröhliche Rentner ihres Vertrauens zum Frühstück vor einer kleinen Bar im Schatten eines Sonnenschirms. Danach spielen sie Karten, um dann ein wenig deutsches Fernsehen zu gucken und einen Mittagsschlaf zu halten.

Abends machen sie Party. Da spielt jemand auf dem Akkordeon deutsche Lieder, und sie tanzen dazu (aber wie). Ein gutes deutsches Bier ist selbstverständlich. Man kennt sich, aber man ist auch offen für Neues: Fremde sind stets willkommen, denn nach einigen Jahren im sonnigen Süden gehen einem so langsam die Themen aus – was der Kumpel aus seinem früheren Leben zu erzählen hat, das kann man schon längst auswendig mitsprechen; also ist man nett zu jedem, der dazustößt, und fragt ihn erst einmal richtig gründlich aus.

Vielleicht finden Sie das im Moment noch grässlich, aber man kann sich ziemlich schnell daran gewöhnen. Es ist nicht so wie Urlaub machen: Da möchte man ja die fremde Kultur kennenlernen und möglichst viele Kontakte zu Einheimischen knüpfen. Es ist wie das Beamen der eigenen Wohnung zu Hause in ein schöneres, freundlicheres, angenehmeres Land. Es geht gar nicht mehr darum, dass die Residenten in Spanien sind. Es geht einfach nur darum, dass sie ihre eigene gewohnte Welt unter eine wärmere Sonne stellen möchten.

Deutsche Rentner haben auf vielen Sonneninseln ihre eigenen Kolonien, die deutscher sind als Usedom oder Rüdesheim. Dort, an der Ostsee oder am Rhein, sorgen wenigstens Amerikaner, Japaner und Russen noch für einen gewissen Sprach-Mix, aber hier in den deutschen Kolonien unter Spaniens warmer Sonne spricht man nur deutsch, und kein Spanier würde auf die Idee kommen, spanisch zu sprechen. Die Speisekarten sind auf den ersten Seiten deutsch, dann kommt Englisch, dann erst Spanisch. Die Ärzte werben auf großen Schildern mit »deutscher Doktor«. Es gibt Bratwurst mit Sauerkraut und Bauernfrühstück. In jeder Boutique kriegt man das, was die Deutschen tragen. Der spanische Gärtner bietet »Rasenmäh und deutsch sprech« an. Im Supermarkt kriegt man genau dasselbe wie bei der Edeka in Mannheim oder Hannover, und das ist wichtig: Der spanische Kaffee ist nicht jedes Rentners Ding; der hat schon gern den Schon-Kaffee von Darboven oder Jacobs Krönung. Es gibt die Ritter Sport, das Shampoo von Nivea, die BILD natürlich sowieso, fürs deutsche Fernsehen die HÖRZU und für Oma genug zu lesen an deutschen Groschenromanen vom Bastei-Verlag (»Schwester Inge und der Chefarzt«).

Um es noch einmal zu sagen. Als gestresster Berufstätiger können Sie sich garantiert nicht vorstellen, einmal so zu leben. Sie haben eine andere Vorstellung von Urlaub. Sie werden diese deutschen Viertel meiden. Das ist ja auch okay. Aber stellen Sie sich vor, dass Sie zehn oder 20 Jahre älter sind und nicht mehr so flexibel wie heute und dass Sie dann vielleicht keine Lust mehr darauf haben, sich in einer fremden Kultur umzusehen. Was ist dann besser: Schneematsch in Castrop-Rauxel oder Traumwetter in der deutschen Kolonie auf Teneriffa? Also, ich, wenn ich mal richtig alt werden sollte, ich würde Letzteres wählen …

Grund Nr. 39

Immer braun gebrannt

Wer sagt eigentlich, dass Sie sich die letzten Jahrzehnte Ihres Lebens der Tyrannei des furchtbar schlechten Wetters in D aussetzen müssen? Wer zwingt Sie dazu, im Nieselregen einkaufen zu gehen? Warum tun Sie sich das an, durch Schlaglöcher vom eisigen Winter 2010 / 2011 zu stolpern? Warum müssen Sie ständig einen Regenschirm mit sich herumschleppen? Haben Sie nicht ein Recht darauf, dass die Sonne fast das ganze Jahr über auf Sie herunterscheint? Warum sollen sich nur die anderen entspannen dürfen?

Anders gefragt: Warum können Sie eigentlich nicht loslassen?

Es ist tatsächlich sehr schwer, sich aus dem gewohnten Trott zu verabschieden und einen Schlussstrich zu ziehen, der wirklich einer ist. Darum ist es gut, wenn Sie erst einmal von der Bildfläche verschwinden, und zwar nicht nur für einige Wochen. Sie brauchen Abstand, und den brauchen Sie nicht nur gedanklich – Sie brauchen ihn auch räumlich. Also hauen Sie ab. So lange, wie es Ihnen möglich ist. Sie werden braun gebrannt und total entspannt zurückkommen und schon auf dem Rückflug bedauern, dass Sie nicht für immer dort geblieben sind, wo Sie gerade herkommen. Sie werden Ihre Sachen regeln und wieder zurückwollen in die Sonne, in die Leichtigkeit, in die Entspanntheit, in diese herrliche Unbeschwertheit, die Ihnen nur das Rentnerleben ermöglicht.

Sie kennen das doch noch gar nicht!

Sie sagen jetzt vielleicht, dass Sie schon oft im sonnigen Süden Urlaub gemacht haben und dass Ihnen keiner mehr etwas vormachen kann. Aber das ist falsch. Bisher hatten Sie ein Ziel. Das hieß: Ich habe jetzt drei Wochen Urlaub, und in diesen drei Wochen möchte ich dies und das erreichen. Mich entspannen, nix tun, sonnenbaden, schwimmen, keinen Haushalt machen müssen, keine Verpflichtungen haben, endlich mal wieder ein gutes Buch lesen, fremde Länder kennenlernen, fremde Kulturen erleben und

und und. Dann sind die drei Wochen herum gewesen, und Sie sind wieder in die Tretmühle Ihrer Berufstätigkeit zurückgekehrt. Haben nach vier bis sechs Stunden festgestellt, dass sich eigentlich gar nichts verändert hat. Und waren nach acht Stunden wieder so verzahnt im Job, als wären Sie niemals fort gewesen.

Ein Plan. Ein Ziel. Ein Anfang. Ein Ende. Tage, die man herunterzählt: noch sieben, sechs, fünf, vier usw. Das ist Urlaub. Aber jetzt geht es um eine ganz andere Geschichte. Es geht um *Ihr Leben*. Und es geht darum, dass Sie endlich einmal loslassen müssen.

Künftig haben Sie kein Ziel, keinen Plan, keinen Zeitbegriff, keinen Anfang, kein Ende. Als Rentner leben Sie ganz anders. Sie fahren irgendwohin, und Sie bleiben dort, solange Sie möchten. Wochen, Monate, Jahre. Niemand vermisst Sie. Sie vermissen auch nichts. Aus dem mörderischen Termingeschäft, wo es immer ein bestimmtes Ziel gibt (»Urlaub«, »Plan«, »Anfang«, »Ende« usw.) sind Sie raus! Das Karussell dreht sich ohne Sie! Es knirscht eine Weile, aber dann läuft es wieder rund. Und Sie schauen ab sofort zu. Dauergebräunt und mit einem friedlichen Lächeln im Gesicht haben Sie erstmals in Ihrem Leben die Chance, ein bisschen so zu leben wie Robinson auf der Insel. Da kommt kein Schiff mehr. Sie haben Ihr Leben lang davon geträumt, und nun gibt Ihnen die Rente genau diese Chance. Und Sie fürchten sich davor?

Falsch. Jetzt können Sie zeigen, dass Sie mehr sind als nur ein kleines Rad im Getriebe. Jetzt können Sie endlich genießen.

Auf den Kanälen bis nach Marseille, das geht!

Warum träumen so viele Männer davon, sich als Rentner endlich ein Boot zu kaufen? Was einen daran erstaunt, ist nicht das Boot. Sondern dass sie nicht schon längst eins haben. Die meisten Menschen warten viel zu lange mit dem Erfüllen ihrer Träume. Der beste Rat, den man einem Mann in den sogenannten »besten Jahren« geben kann, ist dieser: »Warte mit nichts, bis du auf Rente bist!« Aber weil nur die wenigsten diesen Rat befolgen und weil es ja auch ein paar gute Gründe geben kann (zu wenig Zeit usw.), wollen wir uns an diesem Gedanken nicht weiter festbeißen. Es ist nun mal so: Ein Boot soll her, wenn man auf Rente ist.

Sportbootführerschein gemacht, Boot gesucht, Boot gefunden und die Rente ist auch durch. Also los. Am liebsten mit ganz viel Zeit (hat man jetzt ja), also sagen wir mal: vier Monate? Oder gar fünf? Auf jeden Fall die schönsten des Jahres, so ungefähr von Ostern bis September! Gemütlich über die Kanäle tuckern, abends in einem kleinen Hafen festmachen, gut essen gehen oder die Frau lecker kochen lassen, und dann ein Glas Wein auf dem Achterdeck genießen, bis einen die Mücken zu sehr quälen. Frösche quaken hören. Der Mond spiegelt sich auf dem Wasser. Die Bootsnachbarn sind sehr nett. Noch rasch die Route für morgen festlegen. Und dann selig einschlafen: natürlich nicht, ohne noch einen mitleidigen Gedanken an die lieben Kollegen zu verschwenden! Die müssen morgen ackern, und man selber steuert das eigene Schiff durchs stille Wasser, während ein Fischreiher reglos am Ufer lauert.

Was wie ein Märchen klingt, das der Realität doch keinesfalls standhalten kann, das machen viele Tausend Rentner jedes Jahr. Und es macht sie vollkommen glücklich. »111 Gründe, sich ein Boot zu kaufen« wäre noch mal ein neues Buch, das dringend geschrieben werden muss; hier können wir das Thema nur flüchtig behandeln. Aber wenn Sie sich mal eine Karte von Europas Kanälen besorgen und Ihren eigenen künftigen Heimathafen suchen, dann werden Sie feststellen: Es gibt eigentlich kaum eine Gegend, wo man nicht mit dem Boot hinkommt. Europa hat mehr Kanäle, als Sie Adern im Körper haben. Überall ist so ein Kanal. Oder ein schiffbarer Fluss. Manche Kanäle sind leicht zu befahren (Mittelland, Elbe-Lübeck usw.), manche Flüsse sind schwierig (Rhein, Main, Mosel) oder man benötigt sogar eine Extra-Lizenz, aber egal: Sie kommen überallhin. Sogar bis nach Marseille! Und je nachdem, was für ein Boot Sie sich aussuchen: Marseille ist ja eigentlich kein Endpunkt, sondern ein Anfang. Mallorca ... Menorca ... Ibiza ... der italienische Stiefel ... Griechenland ... Kreta ... Na ja. Erst mal reichen vielleicht ein paar Wochenend-Törns auf der Müritz oder der Schlei, damit sich die Frau ans Schaukeln gewöhnt.

Womit ein wichtiges Thema angesprochen wäre: Kein Mensch kurz vor Rente sollte sich ein Boot kaufen, wenn die Frau nur zögerlich dabei ist. Millionen Rentner verfluchen den Tag, an dem sie sich ein Boot gekauft haben, denn so gerne sie auch auf dem Wasser sind: Die Frau macht einfach nicht mit, und deshalb ist es Essig mit den schönen Plänen. Entweder wird sie seekrank, oder sie hasst es, auf kleinem Raum zu kochen. Sie ekelt sich vielleicht vor den Spinnen, die das Boot überfallen, oder sie findet den Anblick von Ufern aus der Sicht eines Bootsfahrers total langweilig (man sieht tatsächlich nicht viel vom Land, außer man hat ein sehr großes Boot, aber mit dem kommt man nicht unter allen Brücken durch). Also kaufen Sie sich um Himmels willen nur dann ein Boot, wenn Ihre Frau ebenso bootsverrückt ist wie Sie. Wenn das aber der Fall ist – dann werden Sie nie wieder zurück an Land wollen und dem Herrgott danken, dass er Sie endlich auf Rente hat gehen lassen.

Noch einige Tipps für Sie: Ihr neues schwimmendes Zuhause sollte fürs Erste nicht länger als circa sechs Meter sein, das reicht vollkommen aus. Falls Sie größenwahnsinnig sind (was sehr sympathisch wäre), bremsen Sie sich selber aus: Das Boot darf nicht länger als 14,99 Meter sein, denn deutsche Binnengewässer dürfen

Sie mit dem »Sportbootführerschein Binnen« nur bis 15 Meter Schiffslänge befahren. Seewärts ist es kein Problem, wenn das Schiff länger ist, aber immer nur Seewasserstraßen fahren ist ziemlich langweilig!

Achten Sie mehr auf die Kombüse als auf die Maschine: Wenn Ihre Frau nicht mitmacht, ist alles Essig (siehe oben). Also lieber eine hochtechnisierte Turbo-Bordküche als eine Turbo-Maschine.

Ihr erstes Boot sollte keine Hilfsmittel wie Bugstrahlruder, computergestützte Navigationsgeräte oder Ähnliches haben, damit Sie erst einmal die »Basics« lernen – später können Sie dann mächtig aufrüsten.

Und noch etwas: Unterschätzen Sie niemals die Kräfte von Tide, Strömung und Wind. Wer zum Beispiel drei Jahre lang auf einer Binnensee-Platte herumgefahren ist, kann dort Weltmeister im An- und Ablegen sein und beim ersten Ausflug nach Hamburg oder Bremerhaven so jämmerlich scheitern, als hätte er soeben erst den Bootsführerschein gemacht. Das ist dann ziemlich peinlich und kann der Frau die Freude über das neue Boots-Hobby ziemlich schnell vergällen.

Die Rente reicht fürs Wohnmobil

Es muss ja kein Boot sein. Manch einer sieht sein Renten-Glück in einem eigenen Wohnmobil. Das ist ganz zweifellos genauso schön. Und man vermeidet das Problem mit der seekranken Ehefrau (siehe voriger Grund). Auf jeden Fall ist das Wohnmobil, wenn Sie kein Boot haben möchten, ein weiterer guter Grund, sich auf die Rente zu freuen.

Sie müssen es ja nicht einmal kaufen und in den Carport stellen – ein- oder zweimal im Jahr mieten trägt die Rente auf jeden Fall! Und Sie haben keine Kosten, müssen sich nicht um Reparaturen kümmern, Steuern und Versicherungen sind auch nicht Ihr Problem, und den Rost macht der Vermieter weg. Up, up and away.

Dänemark. Schweden. In Norwegen morgens in einem warmen See baden und abends eine Schneeballschlacht auf dem Gletscher machen. Frankreich. Spanien. Oder nach Osten: Waren Sie schon mal in Masuren? Die Welt steht Ihnen offen! Sie wartet nur darauf, dass Sie endlich zu Besuch kommen! Aber wenn wir Männer mal so ganz unter uns reden (Frauen, bitte weghören): Es sollte doch ein eigenes Wohnmobil sein, kein gemietetes.

Denn in all den Monaten, wo man nicht unterwegs ist, kann man daran herumbasteln. Man kann sich alles Mögliche einbauen. Das hört niemals auf. Wir Männer sind doch Bastler, oder? Mehr noch: In jedem von uns steckt sogar ein begnadeter Handwerker! Nur hatten viele von uns bisher noch niemals die Gelegenheit, das unter Beweis zu stellen. Jetzt, mit dem eigenen Wohnmobil, können wir endlich einmal zeigen, was in uns steckt. Das Geilste ist natürlich ein Fahrzeug, das wir selbst erst zum Wohnmobil ausbauen, wenn wir mal auf Rente sind.

Allerdings sind da schon wieder lautstarke Proteste seitens der Ehefrau zu befürchten. Möchte sie wirklich mit einem Hanomag, der innerlich ein Meisterstück der handwerklichen Qualität und im

Übrigen wüstentauglich ist, aber nur so um die 80 Sachen macht, auf einem Campingplatz bei Wanne-Eickel auflaufen? Nee, sicher nicht. Die Frau ist wahrscheinlich mehr für ein bei Karstadt Reisen gemietetes oder zumindest so aussehendes Durchschnitts-Wohnmobil zu haben. Schade eigentlich, ist aber so.

Grund Nr. 42

Reisen bildet

Es gibt so vieles zu sehen, was Sie noch nicht kennen. Waren Sie schon einmal auf dem Brocken? Vielleicht hatten Sie den Harz bisher noch nicht einmal auf der Hitliste Ihrer potenziellen Urlaubsziele, aber gelesen haben Sie schon viel über diesen Berg (Goethe, Heinrich Heine ...). Den Brocken zu erwandern ist eine schwierige Angelegenheit: Entweder ist es schon zu diesig oder noch zu nebelig. Entweder liegt noch Schnee, oder es schneit schon. Entweder regnet es immer noch, oder es fängt gerade wieder an. Man will ja schließlich runtergucken können, wenn man oben ist. Das erfordert gutes Wetter mit klarer Sicht. Die Brockenbahn nehmen nur Touristen aus Amerika. Aber wie kommt man rauf: von Torfhaus aus oder durchs Ilsetal? Allein schon bei der Vorbereitung lernen Sie so viel (googeln Sie mal »Brocken«, Wikipedia ist absolut ausreichend). Als Rentner werden Sie den Brocken besteigen. Erstmals in Ihrem Leben. Man gönnt sich ja sonst nichts.

Reisen bildet. Wussten Sie, dass auf den Kanaren die weltweit meisten sektiererischen Gurus leben? Das liegt an der magischen Kraft des Vulkangesteins, aus der sie angeblich ihre Energie beziehen. Dass es dort Pflanzen gibt, die man nirgendwo sonst auf der Welt findet? Haben Sie schon einmal von dem derben Bauernscherz gehört, der Gottes Zorn in grauer Vorzeit erweckte und der daran schuld sein soll, dass weite Teile der nordfriesischen Küste über Nacht zu Inseln wurden? Das erfahren Sie nur dort. Und bald, als Rentner, können Sie endlich hin.

Es ist doch so: Man kann Ihnen viel erzählen, Sie können vieles lesen, aber es bleibt so wenig im Gedächtnis hängen. Nur wenn Sie vor Ort sind, wenn Sie leibhaftig an einem Schaukasten stehen und etwas sehen oder lesen, wenn Sie alte Steine anfassen können und auf alten Wegen gehen: Dann erleben Sie Geschichte. Dann wird sie plötzlich lebendig. Ja, das Schönste am Rentnerleben ist das Lernen (Goethe wusste das: Er reiste allzu gern und brachte von seinen Reisen die tollsten Geschichten mit). Zum Beispiel könnten Sie morgen einen Bericht in der Zeitung über den ersten Kanal von der Elbe zur Ostsee lesen, und wie die schlauen Kaufleute im Mittelalter ihr Salz (aus Lüneburg) auf diesem Wasserweg mit der Kunst des Treidelns[9] in alle Welt transportiert haben und dadurch noch reicher wurden, als sie ohnehin schon waren: Sie würden den Bericht rasch wieder vergessen. Aber wenn Sie dort stehen und Ihr Wohnmobil eingeparkt haben und die alten Steine von der allerersten Schleuse sehen und anfassen können und dann den Weg den heutigen Elbe-Lübeck-Kanal entlang mit dem Auto abfahren und hin und wieder aussteigen und die Spuren des alten Treidelpfades zu erkennen meinen – dann fängt die Geschichte an, für Sie zu leben.

Als Kind lernt man erst begierig und dann unwillig. Danach schläft das Lernen ein. Man funktioniert nur noch. Mit Glück bekommt man die Chance, etwas vom Selbsterlernten weiterzugeben an jüngere Kollegen. Aber erst auf Rente kann man wieder zu lernen beginnen. Der Kopf ist noch jung genug. Und das Wichtigste, was es gibt – Zeit nämlich – hat man jetzt. Endlich. Vergessen Sie Ihre Angst vor der Rente! Freuen Sie sich drauf. Die Rentenzeit kann wirklich Ihre schönste werden.

---

9 *Treideln = Lastkähne per Hand oder mit Pferden vom Ufer aus ziehen*

Zum Geburtstag Ihres Enkels fliegen Sie einfach nach Hause

Die meisten Menschen sind notorische Bedenkenträger. Das ist nicht abwertend gemeint. Gerade wir Deutschen legen viel Wert auf Sicherheit, und das ist gar keine schlechte Eigenschaft. Aber die Amerikaner zum Beispiel sind anders: Dort sieht man im Herbst lange Schlangen von Wohnmobilen mit einem Pkw hintendran gen Süden ziehen; Rentnerpärchen reisen der Sonne hinterher, keine Lust auf Schnee und Kälte, ab in die Sonne, auf nach Kalifornien!

Dort brüten sie in potthässlichen Wohnparks, bis zu Hause der Frühling einkehrt, und dann sieht man sie wie die Lemminge wieder zurückkehren in ihre kleinen Häuser im Norden. Ist was zwischendurch, fliegen sie eben mal kurz nach Hause, so what! Nun ist Fliegen in den Staaten zwar billiger als bei uns, aber ein bisschen könnten Sie sich von den Amerikanern abgucken.

Vor allem müssen Sie sich endlich einmal von dem Gedanken trennen, dass Sie unentbehrlich sind. Wie viele Rentner würden freudig auf Reisen gehen, wenn sie nicht dem Irrtum verfallen wären, dass zu Hause ohne sie gar nichts läuft! Wenn Sie auch so denken, dann sind Sie auf dem falschen Dampfer. Hoffentlich haben Sie sich nicht für Aufgaben einspannen lassen, die gar nicht Ihre sind. Babysitten zum Beispiel. Das ist sehr oft der Grund, warum Rentner nicht loslassen mögen. Kind und Partner gehen beide arbeiten, und Oma und Opa kümmern sich um die Kleinen, so läuft es doch oft. Aber was zunächst wie eine gute Idee klingt, ist letztlich eine Spaßbremse für Ihr Rentnerleben. Denn nun können Sie gar nicht mehr weg. Sie verzichten auf Ihre Lebensfreude (so gern Sie auch viel Zeit mit den Enkeln verbringen), damit die jungen Leute beide ungehemmt ihren eigenen beruflichen (und finanziellen) Interessen nachgehen können?

Falsch. Falsch. Falsch. Sie sind zwar die besten Großeltern, die man sich denken kann – aber immer noch zwei eigenständige Persönlichkeiten mit eigenen Wünschen, Träumen und Plänen. Sie beide sollten jetzt die Welt erkunden. Und erst einmal an sich selbst denken. Machen Sie sich bitte nicht schon wieder zum Sklaven von irgendwelchen Zwängen, die nicht sehr viel mit Ihnen zu tun haben. Denn das hatten Sie doch schon in Ihrer berufstätigen Zeit, oder …? Wann wollen Sie endlich einmal nur an sich denken, wenn nicht jetzt?

6. KAPITEL

Wenig Rente ist mehr wert als viel Gehalt

Sie brauchen einfach nicht mehr so viel

Sie werden staunen, mit wie wenig Geld Sie als Rentner auskommen. Das hat viele Gründe. Hier sind die 11 wichtigsten.

Grund 1: Ihr Tagesablauf. Da Sie künftig mehr Zeit haben, sind Sie nicht mehr auf Pünktlichkeit angewiesen. Sie müssen nicht mehr zu einer bestimmten Zeit an einem bestimmten Ort sein, können die Terminplanung also viel entspannter angehen. Sie fahren seltener Taxi, brauchen Ihr Auto eigentlich kaum noch, nutzen die Sondertarife des öffentlichen Nahverkehrs und kommen immer noch zur rechten Zeit an.

Grund 2: Kein Kleiderzwang mehr. Solange Sie noch im Job sind, müssen Sie immer gut aussehen. Sie haben jede Menge Jacketts im Schrank und als Frau tragen Sie sowieso jeden Tag etwas anderes. Das ist so eine Art »Berufskleidung«, nur zahlt Ihr Arbeitgeber davon keinen Cent, und von der Steuer können Sie auch nix absetzen. Vorbei, vorbei. Als Rentner brauchen Sie eine Jeans, einen Pulli, ein Paar Schuhe und sehen trotzdem immer gepflegt aus. Na gut, etwas von allem zum Wechseln sollte schon sein. Aber Sie werden es am Monatsende merken: Ohne Dresscode leben Sie billiger.

Grund 3: Nie wieder Pflicht-Partys. Wie oft kommen die Kollegen zum Sammeln, weil irgendjemand Geburtstag hat oder ein Baby bekommen hat, befördert wird oder in Rente geht? Hier zehn Euro, dort zehn Euro. An und für sich hatten Sie noch nie Lust, auf solchen nachmittäglichen Stehempfängen auf trockenem Kuchen herumzukauen und Kaffee zu trinken, der ebenso lauwarm war wie die ewig gleichen Witze der Kollegen, aber ausschließen konnten und mochten Sie sich nicht. Ab sofort kommt keiner mehr mit der Sammeltüte und zieht Ihnen Geld aus der Tasche! Und erst die vielen beruflich verordneten Partys, auf die Sie gehen mussten und bei denen Sie sich auch nicht lumpen ließen! Hier ein Strauß Blumen, dort eine Flasche Whisky: Den ganzen »Höflichkeits-Etat«, der Monat für Monat von Ihrem Barvermögen abgeflossen ist, den können Sie jetzt vergessen.

Grund 4: Eigener Herd ist ... genau: Goldes wert. Weil Sie viel weniger Geld in Restaurants tragen werden. Egal, ob Sie auf Montage unterwegs sind oder als Handelsvertreter, ob Sie Waschmaschinen reparieren oder Lebensversicherungen verkaufen: Hier mal schnell eine Suppe, dort einen Kaffee, rasch auf der Raststätte halten und etwas essen, abends mit Kollegen einen Absacker trinken, sich mit wichtigen Leuten treffen müssen – all das geht tierisch ins Geld. Ab sofort nicht mehr. Sie essen zu Hause. Und wenn Sie ausgehen möchten, dann richtig! Immer noch billiger als vorher.

Grund 5: Aufs Wesentliche konzentrieren. Es mag nicht für alle Berufe zutreffen, aber in vielen ist es so: Man muss einfach bestimmte Zeitschriften abonniert haben, um dazuzugehören. Obwohl man sie seit Jahren nur noch gelangweilt durchblättert. Man braucht ein bestimmtes Handy, um nicht ausgelacht zu werden. Obwohl das alte noch wunderbar telefoniert hat. Man muss mit der aktuellen Schuhmode gehen. Obwohl man die alten Treter doch am liebsten trug. Jetzt brauchen Sie nur noch, was Sie für wesentlich halten. Das spart!

Grund 6: Endlich kein Urlaub mehr, weil immer Urlaub ist! Die Urlaubsplanung hat für viele berufstätige Menschen auch etwas mit Prestige zu tun. Der fährt dorthin, die trifft man da, alles sehr angesagt, und man macht es eben so mit. Wenn der liebe Kollege mit der Aida im Mittelmeer unterwegs ist, hat man mit Campingurlaub im Harz nicht unbedingt gute Karten. Bei Ihnen mag das anders gewesen sein, aber es ist eben für viele Leute ein Argument, ebenfalls eine Traumschiffreise zu buchen. Und die geht ja nun richtig ins Geld. Vorbei, vorbei! Jetzt haben Sie richtig was über von Ihrer Rente.

Grund 7: Endlich sind Sie Ihr eigener Gärtner. Wer viel verdient, der hat viel Stress. Und wer viel Stress hat, der hat wenig Zeit. Wer aber wenig Zeit hat, der muss umso mehr delegieren. Ob das nun Rasenmähen ist oder die längst überfällige Reparatur des Gartenzauns, das Loch im Dach des Carports oder das Zurückschneiden der Hecken: Sie brauchen niemanden mehr, der Ihnen die Arbeit abnimmt. Wie viel Geld haben Sie bisher dafür ausgegeben, dass irgendjemand genau die Arbeit macht, die Sie am liebsten gerne selbst gemacht hätten? Das können Sie nun alles auf Ihre Rente obendrauf rechnen!

Grund 8: Tschüs, Finanzamt! Sie müssen keine Rücklagen mehr für die nächste Steuernachzahlung bilden, sofern Sie nur von Ihrer Rente leben. Rechnen Sie mal nach, wie viel das ausmacht.

Grund 9: Endlich das Haus bezahlt. Vermutlich werden Sie von Ihrer Lebensversicherung die letzten Raten bezahlen. Erst dann sind Sie richtig frei.

Grund 10: Der Speiseplan! Sie essen bewusster, weniger und damit glücklicher. Sie stopfen nicht mehr so viel in sich hinein, weil Sie keinen Stress mehr haben. Weniger essen kostet auch weniger, das ist doch logisch!

Grund 11: Tschüs, Zigarette! Die Ausgeglichenheit und Ruhe, die ein Rentner ganz schnell in sich spürt, erleichtert den Abschied von teuren Lastern. Hier sei nur das Thema »Rauchen« erwähnt. Allein, was Sie da sparen können, macht Sie ganz schnell richtig reich.

Endlich Zeit zum Schnäppchenjagen

Mit gutem Grund sind die ganzseitigen Anzeigen von Aldi und Lidl, die einmal pro Woche in der Tageszeitung erscheinen, die Lieblingslektüre des Rentners, denn nun kann er endlich auf Schnäppchenjagd gehen. Egal, wo der nächste Discounter ist: Kein Weg ist dem Rentner zu weit. Weil er sowieso nicht mehr so lange schläft, ist er morgens unter den Ersten und kriegt noch alles, was er sich angestrichen hat (um zehn sind die Schnäppchen natürlich alle weg, denn andere Rentner brauchen auch nicht mehr so viel Schlaf). Vielleicht haben Sie bisher die Nase darüber gerümpft. Aber Sie werden feststellen, dass Schnäppchenjagd wirklich Spaß macht. Sie denken als Rentner ganz anders, preisbewusster, auch kritischer. Sie greifen bei der Edeka nicht mehr blind ins Regal und schnappen sich zack, zack die erste Rolle WC-Papier, die Ihnen entgegenkullert, sondern Sie schauen – »gut und günstig«, genau – Sie schauen auch mal auf die No-name-Produkte gleich daneben, sogar im selben Regal, denn Sie haben einfach mehr Zeit zum Vergleichen. Und Ihnen bleibt der Mund offen stehen, denn: halb so teuer, genauso gut. Das wussten Sie bisher gar nicht, weil Sie ständig im Stress gewesen sind und sich mit dem Thema noch gar nicht richtig beschäftigt hatten!

Tschüs, Statussymbole

Da fangen wir doch gleich mal mit dem Auto an. Vielleicht haben Sie bisher ein großes gebraucht, weil Sie beruflich viel unterwegs waren. Vielleicht war es aber auch wichtig, mit was für einem Auto Sie in der Firma vorgefahren sind. Vielleicht haben Sie insgeheim auch an Ihre Nachbarn gedacht, als Sie sich für dieses Modell entschieden haben. Ein Auto ist für uns ja mehr als ein Fortbewegungsmittel; es ist auch ein Statussymbol – und das ist durchaus nicht negativ gemeint. Denn wer nicht ganz bewusst versteckt, was er hat, der zeigt mit dem, was er benutzt, natürlich auch, was er hat. Das ist keine Protzerei und auch nicht unbedingt Absicht, aber es lässt eben Rückschlüsse zu. Künftig werden Sie sich überhaupt keine Gedanken mehr darüber machen, wie Sie von anderen Leuten eingeschätzt werden. Sie sind einfach nur noch Rentner. Das ist eine Herabstufung, einerseits – denn ab sofort verlieren Sie den Wert, den Sie bisher aus Ihrer erfolgreichen Berufstätigkeit ableiten durften. Das ist aber andererseits auch eine wohltätige Gleichmacherei: Denn »Rentner«, das sind alle. Der ehemalige Malocher vom Bau, der Exnotar mit der für Millionen verkauften Kanzlei, der ehemalige Ministerpräsident und die 70-jährige Toilettenfrau. Sie gehören künftig zu einer Bevölkerungsschicht, in der Statussymbole nichts mehr zählen. Deshalb können Sie getrost darauf verzichten. Sie brauchen das alles nicht mehr. Ist das nicht schön?

Große Wohnung muss auch nicht mehr sein

Die Kinder sind ja wohl aus dem Haus inzwischen. Da stehen nun einige Zimmer leer. Der Garten ist womöglich viel zu groß geworden. Und Sie möchten nicht mehr dreimal die Woche Unkraut zupfen. Also: Weg damit! Sie können richtig Geld sparen, wenn Sie sich von Ihrem bisherigen Heim trennen. Sie sollen ja nicht gleich ins Altersheim. Nur ein bisschen verkleinern. So ungefähr um ein Drittel Wohnfläche. Das spart echt! Natürlich müsste man genau wissen, wie Sie bisher gelebt haben: Wenn es nur 50 Quadratmeter waren, bleiben Sie besser drin. Aber wie viele Menschen haben sich vor Jahrzehnten ein Haus gebaut oder gekauft, das jetzt – auf Rente – viel zu groß ist! Womöglich ist das Viertel inzwischen richtig angesagt, und man kann beim Verkauf sogar noch Gewinn machen? Würden die Interessenten vielleicht Schlange stehen? Was sagt der Makler? Verzicht auf Lebensraum kann eine echte Entlastung sein. Weniger putzen, weniger heizen, weniger Gartenpflege, weniger Mühe, weniger Reparaturen, weniger Nebenkosten. Sie sollten darüber nachdenken – und sich jetzt schon darauf freuen, was noch alles auf Sie zukommt …

Dann ist da noch die Lebensversicherung

Eine der größten Freudentage ist natürlich der, an dem Ihnen die Lebensversicherung ausgezahlt wird. Natürlich ist es viel weniger, als Sie beim Abschluss erträumt haben (die Finanzkrise ist garantiert auch an Ihrer Versicherung nicht spurlos vorübergegangen). Aber es ist doch immerhin eine Summe, die selbst Ihnen (als Gutverdiener) irgendwie gigantisch vorkommt. Sooo viel Geld auf einem Haufen! Na ja: Dafür haben Sie auch all die Jahre eingezahlt, und letztlich ist es nicht »das« Geschäft geworden, mit dem Sie eigentlich rechnen durften, aber immerhin. Da haben Sie den Kontoauszug. Mehr vermutlich, als jemals drauf war. Und davor steht kein Minus, wie so oft in den letzten Jahrzehnten! Vermutlich wissen Sie schon lange, was Sie jetzt mit dem vielen Geld machen werden. Abzahlen, festlegen, splitten, ganz unvernünftig erst einmal reisen oder sich jeden Monat einen Batzen davon genehmigen (wobei Sie natürlich schon vor Jahren überlegt haben, wie lange Sie eigentlich leben werden, also wie lange diese Summe reichen müsste).

Über Lebensversicherungen und was man mit ihnen macht, wenn sie fällig werden, denken die Menschen viel und gerne nach. Es ist sogar eines der beliebtesten Themen an deutschen Stammtischen, wussten Sie das? Jetzt ist es also so weit. Die Freude währt vielleicht nur kurz, denn man gewöhnt sich an alles, aber erst einmal ist sie da. Und wissen Sie auch, warum? Weil Sie längst vergessen haben, wie krumm Sie sich all die Jahre für die Raten legen mussten. Und worauf Sie alles verzichtet haben. Das vergisst der Mensch. Aber der Moment, in dem Sie auf Ihren Kontoauszug gucken und die Lebensversicherung ist drauf: Das ist einer der schönsten in Ihrem ganzen Leben. Zumal ab sofort keine Beiträge mehr abgebucht werden ...

Was überflüssig ist, geht bei eBay weg

Als Rentner haben Sie plötzlich sehr viel Zeit. Und Sie können Ihr Leben neu ordnen. Dazu gehört auch, dass Sie sich von ganz viel Überflüssigem trennen werden. Schränke, Keller, Dachboden: was da noch alles schlummert! Es gibt für alles einen Abnehmer, selbst für das blödeste Souvenir, für den alten wackligen Schrank, für Ihr Faschingskostüm, die Fotoalben Ihrer Schwiegermutter (Schluss mit der Pietät!), die Modellbahn von 1950 (richtig wertvoll inzwischen), die Briefmarken Ihres längst verblichenen Cousins, die Bierdeckelsammlung von Opa und die Klamotten, von denen sich Ihre Frau seit 30 Jahren nicht trennen mag. Aus! Ende! Schnitt! Neues Leben! Die Lösung heißt eBay. Schwuppdiwupp werden Sie zum Profi-Verkäufer. Das Schönste daran sind nicht einmal die paar Euro, mit denen Sie Ihre Rente aufbessern. Nein: Das Schönste ist die Trennung von all dem Ramsch, mit dem Sie sich bisher zugemüllt haben. Das ist wie ein echter Neuanfang. Mit jedem Paket, das Sie packen, werden Sie ein kleines bisschen freier. Ihre Wohnung wird größer. Und Sie gewinnen viel Platz für all das, woran Ihr Herz wirklich hängt.

Glückliche Käufer machen Sie ebenfalls glücklich. Wie glücklich die Käufer sind, das merken Sie an Ihren Bewertungen. 100 Prozent zufriedene Käufer: Das ist Ihr Ziel, das macht Sie stolz, und das erreichen Sie ganz leicht. Einfach immer nur pünktlich raus mit der Ware und sie beim Anbieten keinesfalls in rosaroten Farben schildern! Wer viel bei eBay verkauft, der bekommt dadurch ganz automatisch einen geregelten Tagesablauf, weil täglich eine Menge erledigt werden muss. Genau das fällt vielen Jung-Rentnern schwer: sich selbst eine Tagesstruktur zu verordnen, wo man doch im Grunde nicht einmal mehr aufstehen muss und theoretisch den ganzen Tag auf dem Sofa bleiben könnte. Eine gefährliche Klippe ist das, die man erst einmal umschiffen muss. Aber allein schon der tägliche Weg zur Post, die Kontrolle der Zahlungseingänge und die Suche nach immer neuen Schnäppchen, die man bei eBay reinstellen kann (Haushaltsauflösungen sind da mitunter äußerst ergiebig): Das alles trägt dazu bei, dass man sich eben nicht hängen lässt. Ein eBay-Verkäufer hat immer etwas vor.

Sie haben Leuten, die vor 15 oder 20 Jahren auf Rente gegangen sind, etwas Entscheidendes voraus. Sie sind nämlich allein schon durch Ihren Beruf und natürlich durch Ihre Kinder Internet-erfahren. Was meinen Sie, wie viele heute 75- oder 80-Jährige überhaupt keinen Zugang zum Net haben und sich auch für den Rest ihres Lebens nicht mehr hineintrauen werden! »Leider habe ich keinen Computer«, schreiben sie mir mit zittriger Handschrift und von einem Faxgerät im Laden nebenan, und ich sage mir dann immer: Wenn du schon »leider« schreibst, hast du es doch fast schon begriffen. Warum kaufst du dir dann keinen? Dass die Rente dafür nicht reicht, ist nur in seltenen Fällen die Wahrheit. Es ist vielmehr die Angst vor etwas Neuem. Diese bedauernswerten Menschen haben eigentlich (viel zu früh und ganz ohne Grund) mit ihrem Leben schon abgeschlossen. Und nur ganz dunkel (»leider«, schreiben sie) ahnen sie, was ihnen entgeht.

Ohne Internet auf Rente zu gehen, das ist so, als wenn Sie an der Straße darauf warten, dass endlich eine Pferdekutsche um die Ecke kommt und der Kutscher Sie befördert. Aber das ist bei Ihnen ja nicht so. Sie nutzen das Net so selbstverständlich wie früher das gedruckte Telefonbuch: aufschlagen, reingucken, Bescheid wissen. Aber vielleicht haben Sie sich noch niemals klargemacht, dass da draußen im Net mindestens tausend Leute auf genau Ihren Ramsch scharf sind, und zwar auf jedes einzelne Teil?

Den einen oder anderen Euro
machen Sie noch nebenbei

Sie müssen sich ja nicht gleich von einem Stress in den nächsten stürzen und eine eigene Firma gründen, so wie das in diesem Buch schon ausführlich erörtert wurde. Den einen oder anderen Euro machen Sie mit Ihrer Kompetenz ganz ohne Hektik und Risiko lässig nebenbei. Das machen viele Rentner so und werden richtig glücklich damit. Die Laternenpfähle unserer Städte und die Nachbarschaftshilfe-Plakatwände in manchen Supermärkten sind voll mit den entsprechenden Angeboten, und die Resonanz erkennt man an den vielen abgerissenen Telefonnummern: Der eine war früher Heizungsinstallateur und schaut gerne mal, ob Ihr Brenner noch intakt ist (die jährliche Inspektion durch einen Fachbetrieb ist jedenfalls teurer). Die pensionierte Lehrerin macht mit Kindern Hausaufgaben (das kann sie wirklich gut, und es spricht sich blitzschnell herum in der Nachbarschaft). Babysitten (wer versteht davon mehr als Sie?), Hunde ausführen (Bewegung brauchen Sie doch sowieso), Einkäufe für Fußkranke erledigen (na ja: Das macht man wohl eher ehrenamtlich), Autos zur Waschanlage fahren oder sogar selber waschen (was richtig Spaß macht), Kinder morgens zum Kindergarten bringen und nachmittags wieder abholen (eine willkommene Entlastung für berufstätige Mütter!) und all so etwas; da ist Ihrer Kreativität keine Grenze gesetzt. Es geht ja nur darum, dass Sie Ihre Rente ein bisschen aufbessern. Und das wird Ihnen ganz schnell gelingen, auch wenn das Finanzamt natürlich seinen Teil abhaben will.

Um es noch einmal zu sagen: Es geht hier nicht darum, dass Sie den gerade abgelegten Stress im Rentenalter durch den nächsten ersetzen. Alles, was Sie jetzt tun und planen, wird Ihnen wirklich Spaß machen. Nur dann haben Sie einen Grund, sich darauf zu freuen. Sie sollten einfach das tun, was Sie immer schon mal tun wollten, aber aus Zeitgründen niemals machen konnten. Der finanzielle Aspekt steht erst einmal im Hintergrund. Es geht jetzt nicht darum, dass Sie Kohle machen; das haben Sie jahrzehntelang mehr oder weniger erfolgreich versucht bzw. geschafft. Jetzt geht es darum, dass Sie Spaß haben, und zwar richtigen Spaß.

Lassen Sie sich dabei von nichts beirren! Lassen Sie sich keinesfalls bremsen! Ihr Mann (wenn Sie eine Frau sind) möchte das vielleicht nicht. Er sagt: »Jetzt haben wir endlich Zeit für uns, und du willst schon wieder los?« Falsch! Sie *müssen* los. Und er muss loslassen lernen. Denn den ganzen Tag möchten Sie ihn nicht um sich haben, stimmt's? Oder Ihre Frau (wenn Sie ein Mann sind) sagt: »Warum *genießt* du deine Rente nicht?« Falsch! Sie genießen Ihre Rente ja. Nur müssen Sie nebenbei noch etwas anderes um die Ohren haben; anderenfalls würden Sie eingehen wie eine Primel. Das Schönste an der Rente ist, dass Sie jetzt endlich das tun können, was Sie schon Ihr ganzes Leben lang tun wollten. Setzen Sie das durch. Es ist wichtig für Sie.

Ihre Frau kocht jetzt viel billiger, und besser schmeckt es auch

Bei den Lebensmitteln merken Sie zuallererst, dass wenig Rente mehr wert ist als ein gutes Gehalt. Kein Hektik-Einkauf mehr. Kein Frust-Kauf. Nie wieder etwas unüberlegt in den Einkaufskorb geworfen, was man anderswo ebenso gut, nur viel billiger bekommen hätte. Ist der Stress erst einmal von Ihnen abgefallen, kaufen Sie viel preisbewusster, klüger und obendrein auch noch gesünder ein. Und gerade bei den Lebensmitteln hat man doch das Gefühl, dass damals beim Euro alles eins zu eins umgerechnet wurde! Darum ist dieser Posten in Ihrem Etat so extrem wichtig und darf keinesfalls unterschätzt werden.

Sie frieren mehr Sonderangebote ein, um nur ein Beispiel zu nennen. Wenn Sie ein Kleingewerbe angemeldet haben (was man als Rentner alles machen kann, wurde ja schon erörtert), dann dürfen Sie zur Metro und zahlen dort nur noch die Einkaufspreise des Einzelhandels. Das merken Sie direkt im Portemonnaie, wenn Sie zum Beispiel ein Riesenstück feinstes argentinisches Rinderfilet mitnehmen, zwei Scheiben gleich braten und den Rest einfrieren: Kann gut sein, dass der Kilopreis bei einem Drittel dessen liegt, was Ihr Schlachter verlangt. Viele Läden nehmen frische Butter ins Angebot: mitnehmen, so viel Sie dürfen, und sofort ab damit in die Tiefkühltruhe! Die ist sowieso extrem wichtig, wenn Sie erst auf Rente sind. Deshalb sollte sie keinesfalls zu klein geraten, wenn Sie sich erst jetzt eine anschaffen. Sie werden ganz schnell merken, wie preiswert Ihre Frau kochen kann – wenn Sie bei der Jagd auf Sonderangebote mithelfen und auch einmal bereit sind, mit dem Bus ans andere Ende der Stadt zu fahren.

Natürlich kochen Sie jetzt immer gleich für mehrere Tage im Voraus. Auch das hilft sparen. Und sagen Sie nicht: Wo liegt denn der Unterschied zu früher? Da hätte meine Frau doch auch schon Schnäppchen jagen und auf Vorrat kochen können ... Denn das stimmt so nicht. Wenn der Mann abends müde nach Hause kommt, dann möchte die Frau ihm gern etwas Besonderes auftischen und nicht das Aufgewärmte von gestern. Außerdem hat sie mit Haus und Garten genug zu tun und gar nicht die Zeit, sich so viel um Sonderangebote zu kümmern. Also gab es bisher fast jeden Tag etwas Frisches und nicht immer unbedingt das Preisgünstigste. Schnelligkeit vor Sparsamkeit, hieß die Devise. Jetzt aber, wenn Sie auf Rente sind, dann ziehen Sie gemeinsam los, und von Ihrem Lieblingsessen kriegen Sie doch sowieso niemals genug; also darf es ruhig zwei oder drei Tage dasselbe geben.

Nun kommt aber noch eins dazu, und das ist der eigene Garten. In vielen Ehen läuft es so, dass die Frau sich um den Garten kümmern muss, weil der Mann keine Lust dazu hat. Die Frau jedoch denkt gar nicht daran, Gemüse oder Tomaten zu ziehen, denn die Pflege macht ihren Rücken kaputt, und sie hat ja sonst auch wirklich genug um die Ohren. Männer können das meistens nicht begreifen und hätten ganz gern selbst gezüchtetes Gemüse auf dem Tisch – nur fehlt ihnen natürlich ebenfalls die Zeit, sich darum zu kümmern. Deshalb gibt es Obst und Gemüse nur in den wenigsten Gärten.

Auf Rente ist das nun anders. Da Sie vielleicht keine bessere Idee haben, machen Sie endlich Ihren alten Traum wahr und werden zum begeisterten Hobbygärtner. Als Erstes bauen Sie ein Gewächshaus. Salat? Tomaten? Radieschen? Und wenn es nur Petersilie ist, Schnittlauch und sonst was Kleines: spart alles Geld. Und während Sie mit Ihren Pflanzen sprechen, gehen Sie Ihrer Frau nicht auf den Geist.

Mit einer Rübe wären Sie früher nicht zufrieden gewesen

Holen Sie sich mal ein Kochbuch für Hartz-IV-Empfänger. Nicht, weil Sie jetzt am unteren Rande der Gesellschaft dahinkrebsen, sondern weil da ganz spannende Rezepte drinstehen. Die sind durchaus auch für Sie interessant. Denn wenn Sie um die 1000 Euro Rente haben, dann ist ein Hunderter mehr oder weniger schon eine Menge. Nehmen wir als Beispiel einmal die gute alte Rübe. Ihre Eltern wissen noch aus Kriegszeiten, was man daraus alles machen kann. Jahrzehntelang war die Rübe dann als Armeleute-essen verpönt und fristete ein Schattendasein als Viehfutter. Seit einigen Jahren steht Rübeneintopf in allen Variationen wieder auf den Speisekarten der Luxusrestaurants, und das hat seinen guten Grund. Trotzdem ist so eine Riesenrübe mit einem Einkaufspreis von einem Euro oder etwas mehr immer noch des Rentners wahre Lust. Kartoffeln und etwas Fleisch zubereiten, auf den Herd damit, den Rest einfrieren und einige Tage richtig sattessen: Da lachen Sie nur noch über die hohen Lebensmittelpreise!

Früher, als Sie noch berufstätig waren, da hätten Sie Ihre Frau komisch angeschaut und gesagt: eine Rübe??? Wozu gebe ich dir eigentlich Haushaltsgeld??? Weil Sie nämlich bisher keine Ahnung davon hatten, wie lecker und trotzdem preiswert man mit etwas Fantasie kochen kann. Wenn meine Frau jedenfalls Rübeneintopf vorschlägt, dann sage ich sofort Ja. Weil Rübe echt lecker schmeckt, und nahrhaft ist sie auch, und eine einzige reicht mindestens für sechs Portionen.

Teuer essen gehen müssen Sie nun auch nicht mehr. Vielleicht noch an Ihrem Hochzeitstag. Aber Sie müssen Ihre Frau nicht mehr mit kostenspieligen Restaurantbesuchen dafür entschädigen, dass Sie unter der Woche regelmäßig viel zu wenig Zeit für sie haben. Vielleicht entdecken Sie die Currywurstbude an der Ecke ganz neu, treffen dort jede Menge Nachbarn, die auch auf Rente sind, und kommen sofort ins Gespräch! Manch eine Imbissbude ist »der« Nachbarschaftstreffpunkt. Viele Rentner gehen auch in große Möbelhäuser und essen dort. Legendär sind zum Beispiel die Ikea-Restaurants. Ganz klar: Die bieten alles so günstig an, weil sie die Massen an ihre Möbel locken wollen; das Restaurantgeschäft betreiben sie eher nebenbei und es darf auch ruhig ein Zuschuss-geschäft sein. Das ist der Grund, warum man dort manchmal kaum einen Platz bekommt: alles Rentner, die sich dort glücklich lächelnd sattessen und sich freuen, dass ihre Rente viel weiter als erwartet reicht.

Nun müssen Sie sich das aber nicht so vorstellen, dass Sie künftig nur noch bei Ikea und an der Imbissbude essen gehen werden. Das steht hier nur als Beispiel dafür, dass man mit etwas Zeit wirklich Geld sparen kann. Denn wie sollten Sie früher aus dem Job heraus zu Ikea fahren, nur um dort zu essen? Das ging doch gar nicht. Auf Rente geht es, und der Tag ist blitzschnell um. Nur müssen Sie natürlich aufpassen, dass Ihre Frau nicht doch noch zwischen den Ikea-Regalen verschwindet und erst eine Stunde später mit einem randvollen Einkaufswagen wieder auftaucht …

Sprit immer teurer,
Sie lachen drüber

Ihr Auto war bisher ein echter Kostenfaktor. Das wird künftig nicht mehr so sein. Als Rentner können Sie sich nämlich vom Zwang, jede Gemeinheit der Mineralölgesellschaften hinnehmen zu müssen, ganz leicht befreien. Zum einen müssen Sie nicht mehr dort tanken, wo Sie ohnehin vorbeifahren, denn Sie haben mehr Zeit, den kleinen Umweg zur billigeren Tanke zu machen. Zum Zweiten fahren Sie nicht mehr dann in Urlaub, wenn alle in Urlaub fahren, umgehen also die fiesen Preiserhöhungen zum Beginn der Ferienzeit. Drittens können Sie die Bahn als Transportmittel entdecken, wenn Sie zum Beispiel Ihre Kinder besuchen wollen. Unter Umständen ist das viel preiswerter, als wenn Sie mit dem eigenen Auto durch Deutschland reisen!

Aber egal, für welches Verkehrsmittel Sie sich entscheiden: Sie stehen nicht mehr so unter Zeitdruck, können also auch mal die Autobahn verlassen und viel billiger im nächsten Dorf tanken. Wenn Sie in Urlaub fliegen, dann sind Sie nicht mehr davon abhängig, wann Sie überhaupt Urlaub nehmen können. Sondern Sie fliegen dann, wenn es billig ist. Sie buchen früh, denn Ihnen kommt nichts mehr dazwischen, und Frühbucher zahlen bekanntlich nur die Hälfte oder noch weniger. Ihr nächstes Auto (es ist vielleicht das vorletzte, das Sie überhaupt kaufen, denn Sie fahren jetzt ja viel weniger, also hält es auch länger) – Ihr nächstes Auto also ist viel kleiner als die bisherigen, denn Sie sind nicht mehr auf Statussymbole angewiesen. Ein echter Spritsparer soll es jetzt sein. Klein, aber mein. Sie schieben die Sitze ganz weit zurück und haben nicht einmal weniger Beinfreiheit als früher. Stellen Sie sich nur mal vor, Sie hätten das ganze schöne Geld, was Sie bisher in teure Autos investiert haben, aufs Sparbuch gebracht! Dann könnten Sie jetzt wahrscheinlich ein neues Haus bauen und es sofort bar bezahlen.

Aber schauen Sie nicht zurück. Jedes Auto hat seine Zeit. Für Sie gibt es jetzt eins, das Ihren Minimalansprüchen genügt, möglichst lange hält und möglichst wenig von Ihrer Rente wegknabbert. Und wenn es vier Liter auf 100 Kilometer verbraucht, dann ist das eigentlich schon ein Liter zu viel.

Viele Rentner entdecken das Fahrrad und staunen, wie gut ihnen das tut. Das Fahrrad ist ein Fortbewegungsmittel, das während ihrer Berufstätigkeit nicht einmal erwogen wurde. Es schied einfach aus. Jetzt aber, wo sie richtig Zeit haben, ist so ein Fahrrad eine feine Sache. Erstens kostet es überhaupt keinen Sprit. Zweitens ist es gesund. Drittens ist Radfahren gut für die Psyche, denn es verlangsamt den Lebensrhythmus. Viertens ist man der Natur auf dem Sattel viel näher als hinterm Lenkrad und man spürt endlich wieder einmal Regen auf der Haut, die heiße Sonne, den kühlen Wind. Fünftens trainiert man die Bauchmuskeln, setzt also nicht so viel Speck an. Sechstens pflegt man beim Radfahren nicht zu rauchen, falls man noch Raucher ist, aber im Auto schon. Siebtens muss so ein Fahrrad fast nie zur Inspektion und wenn, dann kostet die nur einen Bruchteil. Achtens kann man fast alles am Fahrrad selber reparieren. Neuntens kriegt man überall einen Parkplatz, spart also die Parkgebühren und die Tickets fürs Falschparken obendrein. Und zehntens stellen die meisten Rentner sehr schnell fest, dass sie das Fahrrad mindestens so schnell von A nach B bringt wie früher das eigene sündhaft teure Auto. Man könnte jetzt gleich noch ein Kapitel über den idealen Kompromiss zwischen Auto und Fahrrad hintendran hängen, und zwar besteht dieser Kompromiss in einem schicken Motorroller. Geil! Schick! Sportlich! Absolut angesagt! Und wissen Sie was? Wir machen das einfach. Der nächste Grund gehört also dem Motorroller.

Tschüs, Parkplatzsuche

Es war auf der Fähre von Nordstrand nach Pellworm, als ich im Sommer 2010 einen mir flüchtig bekannten einheimischen Bauern traf. Erst erkannte ich ihn gar nicht, denn sein Gesicht war unter einem Integralhelm versteckt. Seine Augen strahlten, als er mein Interesse an seinem neuen Liebling entdeckte. Es war ein Motorroller von ungefähr 125 Kubik, den ich auf circa 70 PS schätzte. Er sah richtig stattlich aus. Auf dem Tacho waren noch keine 500 Kilometer. Sofort fing der ältere Herr an, mir von seiner Errungenschaft vorzuschwärmen. Er kam gerade aus St. Peter-Ording, wo er einen schönen Sonnentag verbracht hatte, während seine Frau zu Hause geblieben war. Geradezu emphatisch erzählte er mir von den vielen Gerüchen, die man auf so einem Motorroller in der Nase hat, von den blühenden Wiesen, von dem Blick auf Knicks und Weiden und vor allem von der Parkplatzsuche, die nun ganz entfallen sei. Überall könne er damit parken, schwärmte er.

Inzwischen hatten sich mehrere ältere Herren um den Motorroller versammelt, und nun wurde gefachsimpelt. Der Bauer öffnete stolz das Gepäckfach, in dem er lässig seinen Helm verstauen konnte. Er ließ den Motor laufen, damit wir das satte Geräusch hören konnten. Er schaltete das Licht und den Blinker ein. Er sprach von den niedrigen Kosten, denn wider Erwarten hatte das Gefährt nur lächerliche 15 PS und durchaus keine 70, wie ich vermutet hatte. Ein jeder hatte auch schon mal einen Roller gefahren; ich zum Beispiel eine Heinkel, als ich circa 25 Jahre alt war. Ein anderer schwärmte sofort von seiner Vespa-Zeit. Wir holten unsere alten Führerscheine heraus und sprachen darüber, was man eigentlich mit welcher Führerscheinklasse fahren darf. Der Bauer sagte, dass er sein Auto kaum noch benutze. Wozu? Daheim könne er alles mit dem Rad oder eben mit dem Roller erreichen, und so oft würde seine Frau auch nicht mehr aufs Festland wollen. Er aber, er genieße das Ausfahren mit diesem kleinen Flitzer. »Ich muss doch keine 150 mehr fahren«, sagte er. »Immer schön mit 80 über die Landstraße, das reicht mir vollkommen. Und wenn es regnet so wie heute morgen, dann halte ich unter einer Brücke an. Ich hab doch Zeit!«

Der Rentner war so stolz wie ein kleiner Junge, der eine neue Spielzeugeisenbahn bekommen hat. Er war so voller Lebensfreude, dass ich ihn wirklich beneidete. Hinten auf der Fähre stand mein Auto, und als ich wieder einstieg, da dachte ich mir: Jetzt freue ich mich nicht nur auf die Rente, sondern auch auf meinen ersten Motorroller seit 40 Jahren. Und wenn es regnet, dann halte ich unter einer Brücke an …

Lieber gratis kuscheln als teuer heizen

Es war ein kalter Herbsttag im Oktober 2010, als ich in eine Hamburger Kleingarten-Kolonie fuhr. Ich war dort mit einem Rentner-Ehepaar verabredet, das mir etwas aus seinem Leben erzählen sollte. Als ich den gemütlich eingerichteten Wohnwagen betrat, bemerkte ich gleich die dicken Wolldecken auf dem Ecksofa. »Wir sind nicht nur im Sommer hier, sondern auch fast den ganzen Winter«, strahlten die Rentner mich an. »Zu Hause ist die Heizung ganz klein gedreht. Hier kuscheln wir gratis unter der Decke. Das spart richtig Geld, und gemütlicher ist es auch.«

Heizkosten sind heutzutage ein sehr wichtiger Kostenfaktor; das weiß doch jeder. Wer nicht frühzeitig in Solarenergie oder in Erdwärme investiert hat (aber in wie vielen Jahrzehnten soll sich diese Investition denn rechnen?), der ächzt unter den hohen Heizölkosten. So kommen immer mehr Rentner auf die Idee, sich dem Heizöl-Kaufzwang einfach zu entziehen. Entweder verschwinden sie spätestens im November in Richtung Süden und genießen die Wärme von Mallorca oder Teneriffa, oder sie schaffen sich ihre gemütliche Kuschelecke zu Hause bzw. im eigenen Wohnwagen. Voll durchheizen ist jedenfalls total out! Das macht kaum ein Rentner. SIE können sich also schon heute darauf freuen, dass Sie Ihrer Frau (bzw. Ihrem Mann) auf Rente sehr viel näher kommen werden, als das bisher der Fall gewesen sein mag. Unter einer gemeinsamen Kuscheldecke, eingemummelt ins Federbett, mit doppelter Unterwäsche und in womöglich auch noch selbst gestrickten fast kniehohen Wollsocken. Abenteuer pur im Wohnwagen an der Elbe, im Harz, am Binnensee oder am Rheinufer.

Manch einer findet das schrecklich und sagt: ICH doch nicht! Niemals! So kann und will ich nicht leben! Und dann ist man plötzlich auf Rente, man muss haushalten, man muss zurechtkommen mit dem bisschen Geld, und die Frau sagt: »Komm unter meine Decke und dreh die Heizung runter. Wir beide, wir brauchen nur uns, aber keine 20 Grad mehr in der Bude.« Wenn man sich darauf einlässt, dann hat man richtig Spaß als Rentner. Man braucht nicht mehr so viel wie früher. Und wollte man nicht schon immer mal etwas abenteuerlicher leben als bisher, wo alles in geregelten Bahnen verlief?

Bei einer anderen Gelegenheit lernte ich Rentner Hans B. kennen. Er lebt an Bord seines eigenen Schiffes, seit er 57 ist. Heute ist er 75 Jahre alt. An eiskalten Wintertagen kann er sich auf dem Steg nur mit Spikes halten, die er unter seine Stiefel schnallt. »In den ersten Wintern bin ich auf allen vieren über den Steg gekrabbelt«, grinst er stolz. Er heizt mit einem alten Bollerofen. Seine Frau stellt die Kaffeekanne oben drauf und hat immer frischen Kaffee für Gäste bereit. Die beiden haben ihre Wohnung auf dem Festland längst aufgegeben. Sie haben gemeinsam wirklich alles erlebt: den Totalausfall ihrer Heizung an Bord, zwölf Wasserrohrbrüche in einer einzigen Winternacht, riesige zentnerschwere Eisschollen, die ihr Schiff bedrohten und fast zerquetscht hätten, dazu die Feuchtigkeit, die überall hinkriecht, und manchmal auch den Regen, der durch eine undichte Stelle kam. Abgeschreckt hat sie das alles nicht.

Nun erwartet natürlich niemand von Ihnen, dass Sie als Rentner auf kratzigen Wollsocken in einen zugigen Wohnwagen umziehen oder im Winter auf allen vieren über einen spiegelglatten Bootssteg krabbeln sollen. Es sind nur Beispiele dafür, wozu man als Rentner fähig ist und wie leicht man sich von vertrautem Luxus trennen kann. Müssen Sie wirklich immer alle Zimmer in Ihrem Haus heizen? Wo Sie doch nur drei davon regelmäßig betreten? Das Schöne am Rentnerleben ist, dass man keinem Zwang mehr unterliegt. Endlich macht man nur noch das, wozu man Lust hat. Was man vielleicht schon immer einmal machen wollte, sich all die Jahrzehnte aber nicht getraut hat. Schreiben Sie doch mal auf, was Ihnen dazu alles einfällt!

7. KAPITEL

Ab in den Garten

Die ersten Wochen machen Sie erst einmal gar nichts

Naturgemäß ist dieses Kapitel nur für Menschen interessant, die einen eigenen Garten haben. Es ist ziemlich egal, ob der groß oder klein ist. Aber wir müssen einiges theoretisch voraussetzen, was möglicherweise von Ihrer eigenen Situation abweicht. Damit werden Sie beim Lesen aber leben können. Unser Demnächst-Rentner ist männlich, und bisher hat sich seine Frau um den Garten gekümmert, denn er selbst hatte dazu weder Zeit noch Lust. Zwar entsprach der Zustand des Gartens niemals so ganz seinen Vorstellungen, aber er scheute – typisch männlich – die Konfrontation, und deshalb hat er geschwiegen. Außerdem hätte die Frau ihm schweigend die Gartenschere in die Hand gedrückt, wenn er sich als Besserwisser erwiesen hätte.

Nun aber ist der Mann, also Sie, auf Rente. Drinnen halten Sie es nicht lange aus. Erstens fällt Ihnen die Decke auf den Kopf, und zweitens treibt Sie die Frau an die frische Luft. Sie ist es ja nicht gewohnt, dass ihr plötzlich ein Genie von früh bis spät auf die Finger schaut. Ab mit dir in den Garten, sagt sie und schließt die Tür hinter Ihnen.

Als Erstes schaffen Sie sich dort ein schattiges Plätzchen, das nur für Sie ist. Ein Sonnenschirm, ein Liegestuhl, ein Radio, eine Kiste Bier und die Tageszeitung gehören unbedingt zur Erstausstattung. Ihre Frau darf dort nicht den Rasen mähen und nichts verrücken; darauf müssen Sie achten. Es ist IHRE kleine Garteninsel. Die ersten Wochen verbringen Sie dort, ohne auch nur eine Winzigkeit Arbeit zu investieren. Sie schauen sich einfach nur um. Dabei lernen Sie eine gewisse buddhistische Gelassenheit. Ignorieren Sie die geknechteten Nachbarmänner, die auf Knien über den Rasen kriechen und Schnecken sammeln und die sich beim Gebrauch der Heckenschere die Meckerei ihrer Frauen anhören müssen, weil sie den Buchsbaum angeblich krumm schneiden – so ein Weichei sind Sie nicht. Sie werden erst einmal eins mit Ihrem Projekt, denn genau darum handelt es sich: Dieser Garten wird *Ihr Projekt*.

Nach einigen Wochen nehmen Sie Millimeterpapier und einen spitzen Bleistift mit in Ihre Oase und machen erst einmal eine Zeichnung von dem Garten. Sie brauchen ja schließlich einen Plan. Alle Männer brauchen einen Plan, wenn sie ein eigenes Projekt haben. Nur Frauen bauen einfach wild drauflos. Auf dem Millimeterpapier zeichnen Sie ein, was man alles machen könnte, wenn Geld keine Rolle spielen würde. Vorher haben Sie den Plan natürlich mehrfach kopiert, denn Sie werden die Grundzeichnung noch für viele verschiedene Pläne brauchen. Die zweite Zeichnung zum Beispiel zeigt die Minimalansprüche, die Sie an Ihren Garten stellen. Die dritte zeigt, wie der Garten aussehen müsste, wenn Sie einmal fuß- und rückenkrank wären und sich nicht mehr bücken könnten. Dann gibt es noch eine Zeichnung, die Ihrer Frau gefallen würde (schließlich soll sie ja mit Ihnen in dem neuen Garten leben), und insgeheim machen Sie auch noch eine Zeichnung, wie der Garten wohl ohne Ihre Frau aussehen könnte (nicht alle Frauen überleben ihre Männer; auch das ist ein Aspekt, den man nicht aus den Augen verlieren sollte). Am Ende haben Sie genug Pläne, aber immer noch nichts gemacht. Denn noch ist ja die Frau die Chefin im Garten.

Dann machen Sie den Garten zur Chefsache

Bei jedem Projekt kann nur einer das Sagen haben. Einer muss
Chef sein. Sonst bricht das Chaos aus. Sie müssen Ihre Frau nun
davon überzeugen, dass Sie der bessere Gartenplaner sind. Vermutlich sind Sie bereits beim Zeichnen der Baupläne (Grund
Nr. 56) argwöhnisch vom Küchenfenster aus beobachtet worden:
Was treibt der Kerl da draußen? Was malt der da auf? Jetzt ist es
Zeit, dass Sie den Garten zur Chefsache machen. Das funktioniert
am besten, wenn Sie Ihrer Frau den einen oder anderen Köder
hinwerfen, sodass sie einfach anbeißen muss. Vielleicht träumt sie
seit Langem von einer Wäschespinne, die aber solide einzementiert
werden müsste? Vielleicht hat sie den Traum, im Sommer plan-
schen zu können? Kein Problem: Das werden Sie alles einplanen,
da sind Sie kompromissbereit. Noch ahnt Ihre Frau nicht, dass sie
soeben die Gartenhoheit aus der Hand gegeben hat.

Die Wäschespinne ist ein gutes Beispiel. Ein Sack Fertigzement
aus dem Baumarkt ist schnell besorgt (Vorsicht: Der Sack Zement
auf Ihrem Dachboden ist vermutlich zu alt, um noch richtig ab-
zubinden; 20 Jahre hält der nicht). Sie werden Ihrer Frau einen
längeren Vortrag darüber halten, dass der sogenannte »Führer-
bunker« im Dritten Reich im Verhältnis 1:1 gebaut wurde (1:1 =
Zement zu Sand); Sie hingegen würden sich für 1:4 entscheiden,
was für eine Wäschespinne ausreichen sollte, um wenigstens den
einen oder anderen Tornado zu überstehen, außerdem stellt sich
die Frage heute nicht mehr, weil – Fertigzement, genau. Aber man
muss ja erst die wesentlichen Fakten kennen und auch das eigene
Wissen weitergeben, bevor man mit der Arbeit beginnt.

Sobald Sie Ihre Frau dank Ihrer Fachkenntnis hinreichend auf-
geklärt haben, sollten Sie den Kauf einer Wasserwaage erwägen.
Nicht, dass Sie eine brauchen werden; schließlich haben Sie ja
Augenmaß. Aber die Wäschespinne ist ein guter Anlass, genau

diejenige Wasserwaage zu kaufen, die Sie schon immer haben wollten. Nur das beste Werkzeug ist gut genug für Sie (darauf kommen wir noch zu sprechen). Die Wasserwaage Ihrer Wahl ist natürlich die größte und schönste im ganzen Viertel; sie misst horizontal und vertikal, hat einen Winkelmesser und würde wunderbar in den Werkzeugkasten eines Profis passen. Schon bald werden die Nachbarn bei Ihnen Schlange stehen, nur um einmal diese Profi-Wasserwaage ausleihen zu dürfen. Und nur jetzt, beim Einzementieren der Wäschespinne, haben Sie die Chance, sie stressfrei und ohne weitere Maulerei seitens Ihrer Frau zu erwerben. Also tun Sie es. Es gibt einfach nichts Schöneres, als Rentner zu sein und sich nach und nach mit Profi-Werkzeug auszustatten.

Die eigentliche Arbeit ist schnell gemacht: Zwei Schäufelchen Zement in einen Eimer füllen, etwas Wasser drauf, gut mischen und ins vorher gegrabene und mit einigen Kieseln auf dem Grund (zum Schwitzwasserablauf) versehene Loch kippen, glatt streichen, den Wäschespinnenfuß hineinstellen, einigermaßen gerade rücken, mit weiteren Mischungen auffüllen und das Ganze wiederholen, bis das Loch dicht ist. Nicht zu klein das Loch! Der Querschnitt an der Oberfläche sollte so groß sein, dass Sie bequem mit dem Rasenmäher um die Wäschespinne herumfahren können. Denn schließlich, das ist ja Ihr Ziel, sind SIE künftig der Chef im Garten. Also ist Bedienerfreundlichkeit eines Ihrer höchsten Ziele.

Bis Zement austrocknet, das schildern Sie Ihrer aufmerksam lauschenden Gattin wortreich, dauert es eigentlich 126 Tage. Das ist eine alte Maurerweisheit. Sie hingegen sind bereit, die Wäschespinne bereits nach vier (!) Tagen in den Wäschespinnenfuß hineinzustellen und zur Benutzung freizugeben, denn Sie vertrauen Ihrer eigenen Arbeit blind. Und so geschieht es. Die leuchtenden Augen Ihrer Frau sind der schönste Lohn. So bewundernd wurden Sie zuletzt vor Jahrzehnten angesehen. Ihre Frau hat ja nicht vergessen, dass sie diese Wäschespinne bereits seit 20 Jahren haben möchte, Sie aber niemals ein Ohr dafür hatten. Es ist einer der wenigen Momente, in denen Ihre Frau dem Herrgott dafür dankt, dass ihr Mann nun endlich auf Rente ist.

Es gibt natürlich noch ein kleines Problem, das Sie etwas unsicher macht, denn irgendwann wird Ihre Frau nach Ablauf dieser vier Tage die Wäschespinne auch benutzen wollen. Sie kommt also mit einem Riesenkorb nasstriefender Wäsche in den Garten, blöderweise sind Bettlaken dabei, die wie riesige Segel wirken, noch blöder ist, dass der Wind ausgerechnet am Tag der Wäschespinnenpremiere mit 4 bis 5 Beaufort bläst, sie hängt die ersten Laken auf und lacht vor Glück wie ein junges Mädchen, und – was ist, wenn die Wäschespinne in diesem Moment abknickt wie ein gefällter Baum und die ganze frisch gewaschene Wäsche in die Taubenscheiße fällt?

Dann wäre Ihr Ruf als Heimwerker und künftiger Chef der Gartenplanung dahin, noch bevor Sie richtig losgelegt haben. Dann gibt es nur eins: Die im Baumarkt haben Ihnen Mist verkauft. Aber mit recht hoher Wahrscheinlichkeit wird die Wäschespinne halten und auch den einen oder anderen Tornado überleben. Wenn das geschieht, sind Sie künftig der Chef im Garten.

Alles muss neu geplant werden

Der Mensch ernährt sich von Erfolgserlebnissen. Und mal ganz ehrlich: Wann hatten Sie das letzte Erfolgserlebnis in Ihrem Job? Jetzt, als Rentner im Garten, haben Sie jeden Tag eins. Erstmals entdecken Sie, was in Ihnen steckt. Soeben haben Sie eine Wäschespinne einzementiert, die einem Tornado standhalten würde, und schon wartet Ihr nächstes Gartenprojekt. Aber auch das braucht erst einmal einen soliden Plan.

Es ist der Moment gekommen, in dem Sie Ihre Frau über Ihre zukunftsweisenden, visionären, revolutionären und auch für die Nachbarn wegweisenden Pläne aufklären sollten. Sie hat ein Recht darauf, es zu erfahren. Denn schließlich soll sie ja mit Ihnen eines Tages in dem völlig neu konzipierten Garten glücklich werden. Auch muss sie damit einverstanden sein, dass ein Großteil der Lebensversicherung zunächst einmal in den Garten investiert werden muss. IHR Bonus besteht darin, dass die Wäschespinne aus dem vorigen Grund immer noch steht wie eine Eins. So eine Chance bekommen Sie nicht so schnell wieder! Wenn Sie eine glückliche Frau wollen (und welcher Mann will das nicht), dann werden Sie Ihre Frau ab sofort in die Gartenplanung einbinden und beinahe wie gleichberechtigt behandeln, also ungefähr so, wie die Behörde etwas beschließt, aber pro forma den Bürgern eine Einspruchsfrist gewährt. Kurzum, Ihre Frau darf sich in gewissem Rahmen gern zur Zukunft des gemeinsamen Gartens äußern. Aber sie sollte nicht herumjammern, wer denn die ganze Arbeit machen soll, denn *das* Thema haben Sie ja bereits abgehakt: SIE, wer sonst.

Je nach Größe des Gartens können Sie nun, nachdem die Einspruchsfrist Ihrer Frau weitgehend ungenutzt verstrichen ist, nach Herzenslust planen und Kostenvoranschläge einholen, indem Sie einen Baumarkt nach dem anderen besuchen. Bauhaus, OBI, toom, Hornbach und wie sie alle heißen: Sie werden die wenigen Verkäufer, die man dort trifft, mit Ihren fachkundigen Fragen lässig zur Weißglut treiben. Schließlich sind Sie noch nicht so lange aus dem aktiven Geschäft, dass Sie sich für dumm verkaufen lassen! Und zu Hause wird der Ordner mit den Bauplänen dicker und dicker. Es ist jetzt IHR Garten. IHR Projekt. Und Ihre Frau hat *gar nichts* mehr darin zu melden.

Sie können sich nun voll dem Genuss Ihrer neuen Aufgabe widmen; auch müssen Sie dabei überhaupt kein schlechtes Gewissen haben. Denn Ihre Frau hat ja völlig zu Recht in der Vergangenheit darüber geklagt, dass Sie sich nicht um den Garten kümmern. Nun tun Sie es. Der Rücken Ihrer Frau wird es Ihnen danken. Sie muss sich nicht mehr krummlegen. Sie laufen auch nicht mehr ständig zwischen ihren Füßen herum, wenn sie am Staubsaugen ist. Ja: Ihre Frau wird aufatmen. Denn endlich, endlich haben Sie wieder eine richtige Aufgabe.

In jedem Hobbygärtner steckt ein Gartenarchitekt

Im Job haben Sie Ihre Fähigkeiten maximal zu 40 Prozent einsetzen können. Denn Sie waren ja naturgemäß auf die Branche fixiert, für die Sie sich vor Jahrzehnten entschieden hatten. Wo Ihre eigentlichen Qualitäten liegen, das konnten Sie bisher gar nicht austesten. In manch einem Gerüstbauer schlummert ein begnadeter Schauspieler. Es gibt Anwälte, die könnten als Bildhauer ganze Museen füllen. Manch ein Werbetexter wäre ein viel besserer TV-Koch als die in den ganzen Shows. Und ich kenne einen Feuerwehrmann, der die Geige virtuoser streicht als ein Profimusiker vom Moskauer Staatsorchester. Ihre Aufgabe ist es nun, wie ein Gartenarchitekt Ihre kleine grüne Scholle neu zu gestalten. Es gibt gar keinen Zweifel daran, dass Sie dafür der richtige Mann sind.

Nehmen wir jetzt einmal theoretisch an, dass Ihre Gartenfläche circa 1000 Quadratmeter beträgt. Das wäre viel, wenn Sie in Wahrheit nur 300 Quadratmeter neu gestalten können. Aber es wäre wenig, wenn Sie irgendwo da draußen auf dem Land auf einen Hektar oder mehr schauen. Also, nehmen wir mal die 1000 Quadratmeter. Wofür schlägt Ihr Herz? Sie sind gleichzeitig der Kunde und der Gartenarchitekt! Gemüse? Freifläche? Ein Fußballtor für die Enkel? Ein Pool? Ein Gewächshaus? Es macht wahnsinnig viel Spaß, sich mit etwas völlig Neuem zu beschäftigen. Mit einem Projekt, das es nur einmal gibt. Mit Ihrem Projekt. Sie werden staunen, wie schnell Sie Ihre alte Firma vergessen. Alles ist plötzlich so unwichtig, woran bisher Ihr Herz gehangen hat. Lassen Sie doch die Bilanz den Bach runtergehen: Viel wichtiger ist, wo das Fußballtor für Ihre Enkel denn nun aufgebaut werden soll und für welches Sie sich entscheiden, und wenn Sie es endlich gekauft haben, wie man es zusammensetzt und wie man es tornadosicher verankert. Genauso wie die Wäschespinne von vorhin.

Den Kick bringt Ihnen nicht so sehr die Arbeit selbst; dass Sie die lässig schaffen werden, steht außer Frage. Den Kick bringt Ihnen, dass Sie plötzlich eine ganz neue Seite an sich selbst entdecken. Mein Gott, Jahre, Jahrzehnte Ihres Lebens haben Sie mit ein und derselben Aufgabe verbracht. Fast wären Sie gestorben und hätten niemals etwas anderes gemacht als das, was Sie einmal gelernt haben. Und jetzt, als Rentner, ganz plötzlich und unerwartet, entdecken Sie Fähigkeiten an sich selbst, an die Sie früher nicht einmal zu denken gewagt hätten! Sie sind *der* Garten-Architekt schlechthin! IHRE Bauplanung hat Hand und Fuß! In IHREM selbst gestalteten Garten werden noch Ihre Urenkel spielen! Sich selbst ganz neu entdecken: Das geht wirklich nur im Rentenalter. Und es ist einer der schönsten Gründe, sich auf die Rente zu freuen.

Grund Nr. 60

Wussten Sie eigentlich, dass Sie Gewächshäuser bauen können?

Es ist total irre, aber plötzlich haben Sie das Gefühl, dass Sie einfach alles schaffen können. Wenn Sie auf Rente sind und wirklich eins mit Ihren Projekten werden, dann stoßen Sie seltsamerweise an keine Grenzen mehr. Wie eingeengt waren Sie doch in Ihrem Berufsleben! Stellen Sie sich das einmal vor wie den Unterschied zwischen einer Straßenbahn und einem Bergsteiger. Die Straßenbahn bewegt sich auf immer denselben Schienen von A nach B. Sie kann und soll sich keinen Zentimeter weit links oder rechts von ihren Schienen bewegen. Das ist okay. Aber dem Bergsteiger geht es irgendwie besser. Er hat einfach mehr Möglichkeiten als die Straßenbahn. Er sucht sich einen Berg aus, fährt hin, klettert rauf und macht dabei immer wieder Umwege, um sein Ziel zu erreichen. Schließlich steht er stolz auf dem Gipfel und schaut auf das Tal hinunter, dessen Enge er siegreich überwunden hat.

In Ihrem Berufsleben waren Sie Straßenbahn. Jetzt, auf Rente, sind Sie Bergsteiger. Sehen Sie: Das ist der Unterschied. Was meinen Sie: Wäre der Bergsteiger gern eine Straßenbahn? Sicher nicht. Aber wäre die Straßenbahn gern ein Bergsteiger? Wohl eher, oder?

Das Gewächshaus ist ein gutes Beispiel. Solange Sie berufstätig sind, würden Sie sich an so ein Projekt vielleicht gar nicht herantrauen. Sicher gibt es viele Männer, die tagsüber ihrer Arbeit nachgehen und abends und am Wochenende zu handwerklicher Hochform auflaufen, aber viel mehr Männer würden, wenn sie denn ein Gewächshaus haben wollten, doch lieber einen Handwerker mit dem Bau beauftragen. Weil sie sich an etwas, das sie nie gelernt haben, gar nicht herantrauen (Straßenbahn). Erst als Rentner können sie sich etwas Neues zutrauen (Bergsteiger). Auch mal Umwege gehen. Fehler machen und daraus lernen. Neue Ziele ansteuern und dabei feststellen, dass sie eigentlich keine Grenzen mehr akzeptieren müssen.

Sie können Tage über dem Bauplan brüten, bis Sie ihn verinnerlicht haben und rückwärts aufsagen können. Sie dürfen sich verkalkulieren und noch einmal ganz von vorn anfangen. Sie können Ihre beiden linken Hände so lange trainieren, bis Sie zwei rechte Hände haben. Sie werden staunen, wie viel ungebetene Helfer aus den Nachbargärten plötzlich vor der Tür stehen und Ihnen Hilfe aufdrängen (die Sie vielleicht gar nicht wollen). Sie werden dieses blöde Gewächshaus vielleicht verfluchen, aber irgendwann werden Sie mit der ganzen Straße das Richtfest feiern und grillen. Und Sie werden sooo stolz sein. Stolzer, als Sie es auf dem Höhepunkt Ihrer Karriere gewesen sind. Darauf kann man wetten!

Sie entdecken Ihren grünen Daumen

Sie haben natürlich nicht nur Projekte, mit denen Sie eins werden, sondern Sie haben sich nun auch um die ganz normale profane Gartenpflege zu kümmern. Ihre Frau sieht man ja nicht mehr so oft im Garten, was sie zu genießen scheint. Schließlich sind Sie jetzt Herr der Scholle. Und Sie werden staunen, wie schnell Sie eine ganz neue, ganz weiche Seite an sich selbst entdecken. Denn plötzlich machen Sie es wie Prinz Charles. Sie *sprechen* mit Ihren Pflanzen, und die wachsen wie verrückt. Ja, Sie haben den »grünen Daumen«. Nur wussten Sie bisher davon nichts.

Der Tag des glücklichen Gartenrentners beginnt mit einem Rundgang durch sein Reich. Was Sie früher niemals interessiert hätte, ist nun total wichtig. Hier, ein braunes Blatt. Warum? Das war doch gestern noch grün und saftig! Hat der Baum ein Problem? Anfassen, Nähe zeigen, einige freundliche Worte verlieren und natürlich das braune Blatt entfernen. Dort, eine Nacktschnecke. Wo kommt die her? Haben Sie nicht längst alle gängigen Nacktschneckenbekämpfungsstrategien auswendig gelernt, die erprobtesten mit Ihren Kumpels durchdiskutiert und umgehend die entsprechenden Maßnahmen eingeleitet?

Chinesische Langhalsenten sind gut (aber pflegeaufwendig), mit Salz bestreuen scheidet aus (Tierquälerei), direkt killen mag man sie auch nicht (moralische Skrupel), zum Nachbarn rüberwerfen versaut den guten Ruf (könnte jemand sehen), also gibt es wahrscheinlich nur diese Möglichkeit: in einem Eimer sammeln, Deckel drauf, und wenn der Eimer voll ist, ab damit in den Stadtpark und ausleeren. Soll sich doch der städtische Gärtner damit herumärgern (schließlich wird er dafür bezahlt, Sie nicht).

Die Frau hat hier draußen nichts mehr zu sagen

So schön es auch ist, wenn Ihre Frau zum Frühstück ruft: Hier im Garten haben Sie nun mit viel Geschick einen ziemlich hohen Level der männlichen Glückseligkeit erreicht. Der Garten ist IHR Reich. Hier können Sie sich austoben. Hier sind Ihrer Kreativität keine Grenzen gesetzt. Sie können Ihrem Enkel ein Klettergerüst bauen oder einen elektrisch geladenen Anti-Schnecken-Zaun entwickeln. Man hört von Robotern, die Rasen mähen und an der Grundstücksgrenze von selbst umdrehen: Naaa? Wäre das nichts für Sie? Als Tüftler und Projektentwickler, der Sie ja eigentlich schon immer waren (aber niemals so richtig sein durften), haben sie nun 400 Quadratmeter oder 1000 oder einen ganzen Hektar, auf dem Sie sich austoben können. Und keine Frau redet Ihnen hinein. Ihre schon mal gar nicht. Die zieht sich nämlich beleidigt auf die Terrasse zurück, äußert allenfalls gelegentlich mal einen Wunsch, den Sie natürlich sofort erfüllen werden, also Sie setzen die Wünsche Ihrer Frau alle hübsch nacheinander auf die Warteliste, denn Ihr Terminkalender ist erst einmal voll. Und heute – müssen Sie sowieso in den Baumarkt, um mal all die Werkzeug-Sonderangebote aus der heutigen Anzeige zu überprüfen.

Schon nach kurzer Zeit werden Sie sich wundern, dass Sie nicht schon längst die Hoheit im Garten übernommen haben. Wieso konnten Sie dieses wunderschöne Stück Land ganz allein Ihrer Frau überlassen? Na ja, stimmt schon: Sie waren ja schließlich nur selten zu Hause, und klonen konnten Sie sich nicht. »Einer musste ja das Geld verdienen«, genau.[10] Aber jetzt kommt die Rente von allein. Ein schönes Leben, wenn man einen Garten hat.

---

10 *Sagen Sie das bitte nie, wenn Ihre Frau in der Nähe ist.*

Vom Segen einer eigenen Werkstatt

Vielleicht haben Sie schon mal in die Box von Michael Schumacher an einer Formel-1-Strecke geschaut. Egal, wo er fährt: Es ist immer die vermutlich aufgeräumteste Werkstatt der Welt. Jeder Schraubenschlüssel hat dort seinen eigenen Platz. Und niemand, wirklich niemand würde jemals auf die Idee kommen, ohne Erlaubnis des Chefmechanikers einen Schraubenschlüssel von der Wand zu nehmen. Schon gar nicht würde er ihn irgendwo gedankenlos ablegen oder vergessen. Das richtige und sorgsam verwahrte Werkzeug, so viel ist doch klar, ist der Schlüssel zum Erfolg des Genies. Sie haben vielleicht nur die Wände Ihrer Garage oder ein kleines Gartenhaus, im Optimalfall natürlich eine eigene Werkstatt. Und genau dort werden Sie jetzt mit Inbrunst und Freude das tun, was Sie die letzten Jahrzehnte in der Firma gemacht haben: aufräumen.

Es gibt für einen Mann nichts Schöneres als eine aufgeräumte Werkstatt. Kein Stäubchen bleibt unbemerkt oder gar verschont. Alles glänzt und ist gut geölt. Wie Zinnsoldaten stehen oder hängen die Werkzeuge, nach Funktion und Größe geordnet, auf den Millimeter genau ausgerichtet. Schränke, Regale und ausgeklügelte Lager-Systeme haben Sie niemals genug. Schwer liegt das Werkzeug in der Hand. Vielleicht hat Ihre Frau Ihnen früher mal aus dem Aldi oder Lidl so ein Handwerker-Set mitgebracht (»120 Werkzeuge für 20 Euro«), aber war das nicht eine Beleidigung für Sie? Damit kann jetzt Ihr Enkel spielen. Es kommt nur noch der Rolls-Royce unter dem Handwerkszeug ins Haus.

Was den Garten angeht, geben Sie sich mit nichts Zweitklassigem mehr zufrieden. Ihre Marke ist Gardena und sonst gar nichts. Was Bohrmaschinen und Stichsägen angeht: Bosch. Immer noch ein guter deutscher Name. Snap-on stellt Ihr Werkzeug her. Darunter machen Sie es nicht. Sehr teuer. Aber auch sehr gut. Legendär geradezu. Sie brauchen einen Häcksler, aber nicht irgendeinen. »Cramer Summertime« ist das Stichwort. Gute friesische Wertarbeit. Im Baumarkt gibt es Plagiate für 150 Euro, dieser kostet über 700, aber Sie sind ja schließlich nicht irgendwer. Was ist denn, wenn ein zu dicker Ast ins Häckslerwerk gerät? Wollen Sie den Häcksler dann vielleicht in den Baumarkt zurückbringen? Und Sie schieben auch nicht mehr mit dem Rasenmäher durch den Garten, sondern Sie leisten sich einen Stiga, einen echten kanariengelben, knicklenkenden Aufsitzmulcher, mit Coladosenhalter und elektrisch verstellbarer Mulchhöhe, wie er gern von Gemeinden für ihre Parkflächen angeschafft wird.

Der Nachbar steht mit Stielaugen in Ihrem neuen Reich und wird blass um die Nase. *So was* hätte er auch gern (»… aber meine Frau … Na, du weißt schon …«). Und Sie sind so stolz, so verliebt in Ihre Werkstatt, so geil auf neue Projekte, dass Ihre eigene Frau schon wieder mault (genauso wie früher, als Sie noch arbeiten gingen): »Ich seh dich ja gar nicht mehr …«

Jeder Mann braucht auf Rente (eigentlich schon vorher) eine eigene Werkstatt. Aber viele Männer verzichten aus Rücksichtnahme während der Berufstätigkeit darauf, dieses Grundbedürfnis knallhart einzufordern. Erst ist das Kinderzimmer wichtiger, dann das Gästezimmer, dann das Ankleide- oder Bügelzimmer, je nach Wohnsituation kommt auch noch der Waschmaschinenkeller dazwischen, und dann sind Sie alt. Aus! Schluss! Jetzt – gerade noch rechtzeitig – ist die *Werkstatt* dran. Schließlich haben Sie ein Projekt.[11] Und das braucht Platz.

---

11 *Was heißt »ein« Projekt? Sie haben viele …*

Grund Nr. 64

Achtung, der Nachbar rüstet auf

Sie werden sehr schnell feststellen, dass Ihr Tun in der Nachbarschaft nicht ohne Wirkung bleibt. Je kleiner das Dorf (und selbst die Großstadt besteht eigentlich aus lauter kleinen Dörfern), je kleiner also das Dorf, desto intensiver werden Sie beobachtet. Vielleicht bewegt sich nur kaum sichtbar eine Gardine; vielleicht rennt der Nachbar aber auch neugierig und schamlos aus dem Haus, wenn Sie mit dem Karton vom Baumarkt aus Ihrem Auto steigen. Auf jeden Fall machen Sie mit Ihrer neuen Tätigkeit als Gartenarchitekt und -stratege Furore in der Nachbarschaft. Da bleibt nichts verborgen. Und schon fühlen Sie sich wieder so wie zu berufstätigen Zeiten: Wer hat den Größten? Wer sticht wen aus? Da will keiner hintenanstehen. Da wird mitgezogen, aber wie! Und der Nachbar geht nun seinerseits los. Er kann und will nicht damit leben, dass Sie das bessere Werkzeug haben. Rechnen Sie ganz fest mit folgendem (psychologisch leicht nachzuvollziehendem) Effekt: Wenn Sie für Ihren neuen Zaun mit dem härtesten Spaten der Welt Löcher zu graben beginnen, wird Ihr Nachbar automatisch »motorbetriebener Lochbohrer« googeln, dessen spiralförmiger Bohrer mindestens einen Meter lang ist und 30 Zentimeter im Querschnitt hat. Oben kippt er den Sprit rein (1:25), er reißt die Maschine an und grinst höhnisch über den Gartenzaun. Der rüstet auf! Und beim nächsten Grillfest bietet er Ihnen sehr von oben herab an, dass Sie den Lochbohrer natürlich jederzeit ausleihen können. Ha, der ist doch nur auf Ihr Snap-on-Werkzeug scharf!

Ebenso verhält es sich mit Ihrer Heckenschere. Natürlich hat jeder Garten-Rentner, der etwas auf sich hält, eine Heckenschere, aber 99 Prozent Ihrer Nachbarn haben eine elektrische. Glasklar haben Sie frühzeitig erkannt, dass dies eine Heckenschere für kleine Mädchen ist (leicht zu bedienen, relativ ungefährlich und vom Gewicht her eigentlich sehr angenehm, aber eben was für Loser).

Sie holen sich natürlich eine motorbetriebene Heckenschere. Sauschwer. Saulaut. Springt auch nur mit Glück an. Aber wenn sie mal läuft, dann beißt sich der Nachbar ins Knie vor Neid. Das ist eine Heckenschere für echte Kerle. Natürlich ist sie nicht ungefährlich, weswegen Sie sich erst einmal Gesichts- und Hörschutz sowie Kettenhandschuhe zulegen werden. Sie sind jetzt der Garten-Rambo des Viertels. Warten Sie mal ab: Ihr Nachbar wird seine Kleine-Mädchen-Heckenschere schon bald bei eBay reinstellen. Denn dass Sie derart aufrüsten, kann er keinesfalls so hinnehmen.

Letztendlich stellen Sie fest, dass sich die Rente eigentlich gar nicht von Ihrem Berufsleben unterscheidet. Es herrschen genau dieselben Regeln. Nur hat sich der Schauplatz dieser uralten männlichen Rituale und Machtkämpfe vom Firmengelände in den Garten verlagert.

Hätten Sie vom Gärtnerglück gewusst, wären Sie schon längst auf Rente

Jetzt ist es an der Zeit, eine Zwischenbilanz zu ziehen. Wir gehen davon aus, dass Sie demnächst auf Rente gehen werden bzw. gerade dabei sind, diesen Schritt zu tun.

Wenn Sie all das so lesen: Kriegen Sie dann nicht Lust darauf, es möglichst rasch zu tun? Oder, wenn Sie noch die Chance haben, es etwas vorzuziehen? Sie wissen doch, dass jedes Jahr zählt. Denn so viele haben Sie nicht mehr vor sich (vielleicht noch drei oder vier Jahrzehnte, aber dann war's das auch mit Ihnen). Sie stellen ja bei der Lektüre dieses Buches fest, dass sich gar nichts zum Negativen verändern wird, wenn Sie auf Rente sind, sondern dass Sie im Grunde genauso weiterleben und -arbeiten können wie bisher. Etwas weniger netto auf dem Konto, das ist klar, dafür keine Zwänge mehr, aber vor allem: Eine sehr große Bandbreite an Entfaltungsmöglichkeiten tut sich plötzlich auf. Und genau das ist der Kick. Sie können endlich zeigen, was in Ihnen steckt.

Die Rente ist wirklich keine Sackgasse. Sie ist eine Startbahn. Eingeengt von den Zwängen Ihrer Branche und der blödsinnigen Limitierung Ihres Aufgabenbereiches konnten Sie bisher nur einspurig fahren. Jetzt kriegen Sie das Geschenk, dass Sie alles machen können. Alles heißt: *alles* . Schauen Sie mitleidig auf den Nachbarn aus dem vorigen Grund, der sich den motorbetriebenen Lochbohrer gekauft hat und nun glaubt, dass er nicht nur der Größte ist, sondern auch den Größten hat. Es gibt da einen Mini-Bagger, der so ungefähr einen halben Meter in die Erde reißt; hinter dem geht man zu Fuß her, bedient wird er mit einem Joystick, und wenn der bei Ihnen angeliefert wird, dann bewegt sich nicht nur die Gardine. Dann bewegt sich nicht nur der Nachbar. Dann bewegt sich alles im Viertel.

8. KAPITEL

Rente ist gut für die Liebe

Zeit für eine neue Frisur

Raus aus dem alten Trott! Endlich können Sie das aus sich machen, was Sie wirklich sind! Als Frau müssen Sie auf nichts und niemanden mehr Rücksicht nehmen, wenn Sie erst einmal auf Rente sind. Für Sie beginnt ein neues Leben. Und weil zu jedem neuen Lebensabschnitt einer Frau eine neue Frisur gehört, fangen Sie genau damit an. Haare abschneiden fällt vermutlich flach, weil Sie höchstwahrscheinlich mit Anfang 60 die Haare sowieso nicht mehr lang tragen (das würde wahrscheinlich auch etwas seltsam aussehen). Also kann es nur um einen neuen Schnitt gehen, um eine neue Welle oder, genau, um eine neue Farbe. Es gibt tatsächlich Frauen, die färben sich auf Rente die Haare grau. Damit wollen sie (total unlogisch, das versteht kein Mann) die ersten natürlichen grauen Haare verstecken. So nach dem Motto: Wenn jeder sieht, dass ich mir die Haare grau gefärbt habe, dann sieht keiner, wann ich wirklich graue Haare bekomme. Dann wirkt das Grau wie gewollt. Aber das ist natürlich das falsche Signal. Andererseits wäre es auch verkehrt, sich jetzt auf jung zu stylen. Männer, die sich mit 65 einen Irokesenschnitt verpassen lassen, sind wirklich nur peinlich (obwohl … wenn sie es so möchten …). Frauen, die sich auf Rente blondieren lassen, wollen unbedingt jünger wirken, und das kommt auch nicht gut. Nein: Suchen Sie sich ein Vorbild! Welche prominente Frau so ungefähr in Ihrem Alter macht wirklich das Beste aus sich? Wer wird von allen bewundert? Nehmen Sie doch nur mal Senta Berger. Sehr elegant, sehr stylish, überhaupt nicht auf jung gedrillt, aber immer mit der perfekten Frisur. Kaufen Sie sich die BUNTE oder ein anderes Society-Magazin, InStyle oder etwas Ähnliches, und schauen Sie sich die Frisuren an. Wann, wenn nicht jetzt, wollen Sie noch mal so richtig was aus sich machen?

Bei Männern hat ein neuer Haarschnitt manchmal zur Folge, dass ein völlig neues Leben beginnt. Michael Douglas zum Beispiel, selbst als er schon verzweifelt gegen seine schwere Krankheit ankämpfte und die Drogenprobleme seines Sohnes ihn erkennbar belasteten, sah mit seinen zurückgekämmten grauen Haaren immer noch einfach super aus. Ein Rentnergesicht, neben dem man schon seit 40 Jahren aufwacht, kann durch eine polierte Kojak-Glatze plötzlich ganz neu wirken: dynamischer, animalischer, erotischer und kraftvoller denn je. Sich auf Rente für ein neues Styling zu entscheiden und endlich auch optisch genau die Rolle zu spielen, die man im Leben immer schon gern spielen wollte: Das ist einer der schönsten Gründe, sich auf die Rente zu freuen.

Das Flitterwochen-Revival

Wissen Sie noch, wo Sie mit Ihrer Frau oder Ihrem Mann das erste romantische Wochenende verbracht haben? Wohin gingen damals die Flitterwochen, falls Sie sich welche leisten konnten? Oder der erste gemeinsame Urlaub? Wo bekamen Sie die erste Liebeserklärung oder den alles entscheidenden Antrag? Es gibt so viele Orte, die zu Ihrer Liebe gehören und die Sie beinahe vergessen hätten. Jetzt können Sie ganz entspannt endlich wieder mal genau dorthin fahren und in alten Erinnerungen schwelgen, aber auch mal gucken, was sich alles verändert hat. So ein Kurztrip ist übrigens ein wunderschönes Geschenk für alle, die auf Rente sind! Wo haben Sie sich kennengelernt? Wo bekamen (oder gaben) Sie den ersten Kuss? Wenn Sie jetzt, nach so vielen Jahren, noch einmal dorthin fahren, dann ist es wie ein Flitter-Revival-Wochenende. Und Sie dürfen auch die psychologische Wirkung auf Ihren Partner oder auf Ihre Partnerin nicht unterschätzen. Selbst wenn die langen Jahre ihre Spuren in der Beziehung hinterlassen haben und es nicht mehr so wahnsinnig prickelt zwischen Ihnen beiden: Die Erinnerung an damals, die Gedanken daran, wie alles begonnen hat, und natürlich auch dieses ganz spezielle Klima, das es nur dort gibt, machen Sie beide einfach jünger.

Viele schon sehr eingefahrene, routiniert funktionierende (und deshalb äußerst wackelige) Beziehungen brauchen manchmal einfach nur einen gewissen Kick, um plötzlich wieder ganz jung und frisch zu wirken. Allein schon, worüber man alles reden kann! Da bekommt der schlimmste Renten-Muffel plötzlich leuchtende Augen und fühlt sich wieder so wie damals. Nehmen Sie keinesfalls Ihre Enkel mit auf diesen Trip, sondern machen Sie das ganz alleine. Nur Sie beide. So wie früher. Es kann wunderschön werden. Und vielleicht belebt es Ihre Beziehung so sehr, wie Sie es niemals gedacht hätten.

Natürlich müssen Sie es geschickt angehen. Alles, was ein bisschen geheimnisvoll beginnt, ist schon mal sehr gut. Also sollten Sie diese Reise in die Vergangenheit Ihrer Beziehung vielleicht ganz alleine planen und dem anderen gar nichts davon erzählen. Überraschung! Wenn Sie beide noch voll im Berufsleben stecken, ist für solche Unternehmungen gar keine Zeit. Deshalb wäre es schön, wenn Sie schon möglichst bald auf Rente wären …

Mit wem waren Sie eigentlich die ganzen Jahrzehnte verheiratet?

Viele Frauen beklagen sich darüber, dass sie von ihren Männern gar nicht mehr richtig wahrgenommen werden. Sie fühlen sich beinahe wie ein Möbelstück, das eben zur Einrichtung gehört und das schon immer da gewesen ist. Darunter leiden die Frauen. Sie möchten nämlich auch gern als Mensch akzeptiert und wahrgenommen werden. Viele Ehen gehen sogar daran kaputt, dass die Männer einfach zu lieblos sind!

Ihre Ehe ist hoffentlich noch nicht kaputt. Es wäre schade drum. Denn bald, wenn Sie erst einmal auf Rente sind, werden Sie Ihre Frau nicht mehr als »Möbelstück« sehen. Die Zeit ist vorbei. Sie werden stattdessen endlich erfahren, mit wem Sie die ganzen Jahrzehnte verheiratet waren. Und Sie werden staunen, was Sie bisher alles versäumt, verpasst und übersehen haben.

Wie das denn?, fragt sich jetzt so mancher. Ich kenne meine Frau besser als sonst jemand. Ich bin schon endlos lange mit ihr zusammen. Was soll sich denn jetzt ändern, nur weil ich auf Rente bin?

Erstens kommen Sie an Ihrer Frau nicht mehr vorbei. Morgens den letzten Kaffee herunterstürzen, sich die Tasche schnappen, »tschüs, Schatz« rufen und abends müde nach Hause kommen, das ist Vergangenheit. Auf Rente hocken Sie beide praktisch Tag und Nacht aufeinander. Wenn Sie da nicht anfangen, richtig miteinander zu sprechen, dann sitzt Ihre Frau bald beim Scheidungsanwalt; darauf können Sie Gift nehmen. Die hält das nicht aus mit Ihnen, wenn Sie weiterhin so schweigsam sind wie bisher! Und weil Sie natürlich keine Scheidung wollen, werden Sie schon bald ganz von selbst mit dem Sprechen anfangen.

Zweitens macht sich Ihre Frau ja auch so ihre Gedanken. Die Zeit, wo Sie Tag und Nacht zu Hause herumhängen werden, erscheint ihr möglicherweise wie eine weitere schwere Prüfung, die ihr das Schicksal auferlegt. Und es kann gut sein, dass sie überhaupt keine Lust darauf hat. Also wird sie sich überlegen, was sie tun kann, damit sie nicht komplett durchdreht. Mit ihrer besten Freundin hat sie garantiert schon darüber gesprochen. Die Rente ändert ja alles. Sie ist ein total neuer Lebensabschnitt, in dem nichts mehr so sein wird wie früher. Also wird Ihre Frau schon längst einen Plan in der Tasche haben, wie sie Ihrer Rund-um-die-Uhr-Gegenwart irgendwie entkommen kann.

Sie wird ein *Eigenleben* entwickeln. Sie wird Ihnen entkommen wollen (wie gesagt: nicht aus mangelnder Liebe! Nur, weil sie sonst eventuell durchdrehen könnte). Sie wird sich schick zurechtmachen und sich mit irgendwelchen Damen zum Frauenabend treffen. Sie wird in die Oper gehen wollen und Sie natürlich fragen, ob Sie mitkommen möchten, und anfangs werden Sie das vehement ablehnen – so wie die ganzen Jahre Ihrer Ehe. Aber irgendwann haben Sie keine Lust mehr dazu, abends alleine abzuhängen. Dann gehen Sie mit. Und stellen plötzlich fest, dass Sie viele Eigenschaften Ihrer Frau bisher noch gar nicht kannten. Sie lebt auf, sie tanzt, sie träumt, sie lacht oder weint, ist traurig oder aufgekratzt, sie diskutiert, ist interessiert, sie zeigt sich weltoffen oder schüchtern, sie geht auf Leute zu oder ist eher scheu, kurzum: Sie ist ein Mensch! Das kriegen viele Männer wirklich erst mit, wenn sie auf Rente sind und sich deshalb zwangsläufig mit dem »Möbelstück« an ihrer Seite beschäftigen müssen.

Es ist übrigens nicht gesagt, dass Ihre Ehe diese neuen Herausforderungen überlebt. Immer mehr Menschen lassen sich erst mit über 60 scheiden, weil sie das ständige Zusammensein mit dem Partner oder der Partnerin einfach nicht aushalten. Es wird also nicht zuletzt auch an Ihnen liegen, ob dieser letzte Lebensabschnitt ein Gewinn oder ein Desaster für Ihre Ehe wird.

Drittens: Ihre Frau hat viele Ansprüche, die sie bisher zurückgestellt hat. Und zwar aus Rücksichtnahme auf Sie und Ihren Beruf. Sie können darauf wetten, dass damit nun bald Schluss ist. Ihre Frau will nun auch ihr Recht. Und sie hat das Gefühl, dass sie schon viel zu lange darauf verzichtet hat. Manch ein »Möbelstück« wird mit 65 erstaunlich aktiv und sogar dreist und zettelt eine Palastrevolution an! Bisher hat die Frau möglicherweise vieles geschluckt und immer nur zurückgesteckt, jedenfalls empfindet sie das so. Hat heimlich gedacht: Warte nur, bis du auf Rente bist. Dann weht hier ein anderer Wind. Dann bin ich auch mal dran!

Bald ist es nun so weit, und Sie werden sich eventuell sogar nach Ihrer Firma zurücksehnen. Weil das »Möbelstück« Sie plötzlich richtig fordert und Sie anfangs nicht so ohne Weiteres dazu bereit sind, diesen Anforderungen gerecht zu werden. Es ist also nicht unbedingt alles rosig, was da auf Sie zukommt. Sie werden fremde Leute einladen müssen, Sie werden zu Partys verpflichtet, Sie müssen am kulturellen Leben in Ihrer Stadt teilnehmen, Sie müssen unter Menschen, ins Theater, die Oper hatten wir schon erwähnt, Sie müssen spazieren gehen und ins Konzert. Kurzum: Alles, worum Sie sich jahrzehntelang erfolgreich gedrückt haben (immer mit Hinweis auf Ihre ach so anstrengende Berufstätigkeit), das steht Ihnen jetzt bevor. Aber wissen Sie was? Das macht auch Spaß. Denn an Ihrer Seite haben Sie einen Menschen, den Sie erst jetzt so richtig – möglicherweise sogar ganz neu – kennenlernen. Trotz all der Jahrzehnte, die Sie beide schon zusammen sind.

Grund Nr. 69

Männer auf Rente
können sogar sprechen

Das Lebewesen namens Mann ist merkwürdig veranlagt. Es kommuniziert nicht gern. Morgens versteckt es sich (hinter der Zeitung), dann zieht es in den Krieg (die Firma), abends kommt es verwundet heim (vermutlich haben sich wieder einmal alle Kollegen als Nieten erwiesen), aber seine Wunden will es keinesfalls zeigen. Einige Stunden klammert es sich noch an die Fernbedienung, bis es einschläft. Am nächsten Morgen wiederholt sich das Spiel: Das Lebewesen namens Mann versteckt sich usw. Dabei hat man als Frau so viel zu erzählen und möchte so viel wissen! Aber dieses merkwürdige Wesen spricht einfach nicht. Es schweigt und stellt auf Durchzug.

So extrem ist es in Ihrer Ehe vielleicht nicht. Dennoch wird Sie diese Nachricht positiv überraschen: Viele Männer lernen erst auf Rente, dass sie durchaus sprechen können und dass sie zwei Ohren zum Zuhören haben.

Es liegt vermutlich daran, dass sie ihr Kommunikationspotenzial bisher in der Firma ausgeschöpft haben und nach Feierabend einfach »keinen Kopf«, also auch keine Ohren mehr hatten. Hätte der Herrgott dem Mann die Ohren allerdings direkt auf sein bestes Stück verpflanzt, dann wären Männer auch nach Feierabend noch die allerbesten Zuhörer – darüber sind sich wohl alle Frauen einig!

Auf Rente hat der Mann nicht mehr viel zu kommunizieren. Es wird dramatisch stiller um ihn. Er kann niemanden mehr anschreien, niemanden mehr belehren, seine Autorität nicht mehr verbal unter Beweis stellen, er kann sich nicht einmal mehr beklagen (schon mal gar nicht über zu viel Arbeit, denn er hat keine mehr), er kann über niemanden mehr ablästern und er kann keine Kommandos mehr brüllen, denn da ist einfach keiner mehr, der sie befolgen oder ignorieren könnte. Also muss der Mann zwangsläufig mit seiner Frau sprechen.

Anfangs gibt es damit einige Probleme, denn der Mann überträgt seine Sprechweise direkt aus der Firma auf die eigene Frau. Sie ist ja nun die Einzige, die er anschreien oder belehren oder herumkommandieren kann. Er macht anfangs einfach so weiter, wie es – kommunikationstechnisch betrachtet – in der Firma gewesen ist.

Das aber lässt sich die Frau natürlich nicht lange gefallen. Zu lange hat sie ihren Puschen-Pascha bemuttert und umsorgt, um sich jetzt seine Launen gefallen zu lassen (denn als solche empfindet sie seine Ausbrüche). Also schreit sie zurück und schmeißt ihn raus. Das wiederum ist der Mann nicht gewohnt. Wenn er dann allein und gottverlassen im Hobbykeller, in der Eckkneipe oder auf der Parkbank schmort, wird ihm seine abgrundtiefe Einsamkeit als frischgebackener Rentner erstmals so richtig bewusst, und er fällt augenblicklich in ein tiefes schwarzes Loch.

Männer, die im Selbstmitleid ertrinken, brauchen Trost und weibliche Hilfe. Das weiß jede Frau. Deshalb dauert es nicht lange, bis der traurige Typ wieder auftaucht, jetzt allerdings schmusesanft und weichgespült. Und plötzlich spricht er.

Er spricht! Na schau mal einer an! Er spricht sogar von sich und seinen Gefühlen! Von den Problemen, die er hat, weil er plötzlich nicht mehr »wichtig« ist! Von seiner Firma und von den Kollegen und wie sehr er sie vermisst! Plötzlich ist ihm klar geworden, dass er ab sofort »nur« noch zu zweit ist und dass er es für die nächsten (seine letzten) Jahrzehnte wohl auch bleiben wird.

Sind die Anfangsprobleme des Rentenlebens überwunden, entdeckt so manch eine Frau einen heiteren, entspannten, aufnahmefähigen und kommunikativen Mann an ihrer Seite, der sich als äußerst interessant und interessiert erweist. Was für eine Überraschung!

Es ist natürlich nichts weiter als purer Eigennutz. Der Mann hat ganz einfach außer der eigenen Frau niemanden mehr, mit dem er sich verständigen könnte. Sein Interesse an dem, was eine Frau so zu erzählen hat, ist deshalb keinesfalls größer geworden. Im Grunde ist er immer noch derselbe Stinkstiefel, der er in den letzten Jahrzehnten war. Aber jetzt *muss* er mit seiner Frau sprechen. Und er tut es womöglich sogar intensiver, als seine Frau es ertragen kann. Was für ein Wandel. Was für eine Freude.

Das Tanzen ist des Rentners Glück

Fast alle Männer sind Tanzmuffel. Darüber müssen wir nicht reden. Es ist einfach so, und die meisten Frauen leiden darunter. Wie gerne möchten sie hin und wieder auf der Tanzfläche ihre Emotionen herauslassen und dieses schöne, prickelnde, berauschende Gefühl mit ihren Männern teilen! Aber die haben nie gelernt, Gefühle zu zeigen. Es ist ihnen peinlich und unangenehm. Sie stehen lieber steif am Tresen. Und wenn es wirklich gelingt, sie einmal auf die Tanzfläche zu ziehen, dann lauern sie schon auf die nächste Gelegenheit, die Flucht zu ergreifen. So macht das keinen Spaß. Aber so geht das jahrzehntelang. Und deshalb sieht man so viele Frauen alleine oder miteinander tanzen.

Eine wunderbare Gelegenheit, dem Mann das Tanzen nahezubringen, ist ein Tanzkurs, den man ihm zum 65. Geburtstag schenkt. Dieses Geschenk *muss* er einlösen. Er hat einfach keine Wahl mehr, denn der Kurs ist schon bezahlt und fängt bald an (Umtausch bzw. Geldrückgabe sind natürlich ausgeschlossen). Weil er von Natur aus geizig ist, kommt er lieber mit, als das »schöne Geld« verfallen zu lassen. Und schon sitzt er in der Tanzfalle.

Er kann sich gar nicht am Tresen festhalten, weil es nämlich keinen gibt. Er würde sich auch niemals die Blöße geben, das Tanzen zu verweigern, denn dann stände er unter all den anderen Männern als Loser, als Niete, als schüchterner Versager da. Und dann gibt es ja auch noch die ganzen anderen fremden Frauen, die auch mit ihren Männern da sind und die ihn trotzdem ziemlich neugierig mustern. Also macht der Mann das, was er gewohnt ist: Er macht das Beste draus. Wenn schon tanzen müssen, dann aber richtig! Und er wiegt sich in den Hüften, die Knie werden gelenkig, den richtigen Schwung hat er schnell raus und er schwenkt die Damen im Kreis umher, als wäre Tanzen seit Jahren seine Leidenschaft und sein Name Schmidtchen Schleicher (der mit den »elastischen Beinen«).

So sind die Männer! Jahrzehntelang verweigern sie sich – aber sobald man sie dazu zwingt, wollen sie sofort die Besten sein. Tanzen ist ja auch ein Sport. Ihr Mann kommt also leicht aus der Puste. Der Nachbar, der seine Frau mindestens doppelt so viel herumgewirbelt hat, ist noch nicht aus der Puste. Dabei sieht der viel älter aus als Ihr Mann. Also wird der Ihre sofort seine aufkeimende Atemnot verbergen und wahrscheinlich ab morgen mit einem intensiven Joggingprogramm beginnen, damit er bei der nächsten Tanzrunde fit ist. Auch ein Vorteil, den so ein Tanzkurs mit sich bringt, aber es gibt noch mehr Vorteile.

Bei einem Tanzkurs tanzt man als Frau nicht die ganze Zeit mit dem eigenen Mann, sondern es wird auch mal gewechselt. Huiii, da guckt er aber eifersüchtig! Der andere Tanzpartner hat den Schwung vielleicht noch etwas besser drauf als er, und der kann auch viel besser führen! Da wird gelacht und geflirtet, ganz harmlos natürlich, aber der eigene Mann macht schon die finsterste aller Mienen. Beschweren kann er sich trotzdem nicht. Denn alles ist ja im Bereich des Normalen, und als eifersüchtiger Trottel will er nun ganz bestimmt nicht dastehen. Also versucht er, seine eigenen Tanzkünste möglichst zu perfektionieren.

Männer wollen immer gewinnen. Was sie anfangen, muss perfekt sein. Und wenn er schon mal gezwungenermaßen hier herumhampeln muss, dann will er es wenigstens anständig über die Bühne bringen. Er ist viel zu ehrgeizig (immer noch, warum eigentlich?), er ist also viel zu ehrgeizig, um nicht der Beste zu sein. Er strengt sich deshalb richtig an. Aus dem Tanzmuffel wird innerhalb von zwei Wochen ein Tanz-Besessener. Einer, der schon morgens vorm Spiegel Rumba und Tango übt.

Die erotisierende Wirkung des Tanzes als solchem ist Ihnen als Frau nicht unbekannt. Ihrem Mann schon. Bisher jedenfalls. Plötzlich entdeckt er, dass Tanzen wirklich erotisch sein kann. Vor allem, wenn man mit fremden Frauen tanzt. Und weil das hier ja alles ganz harmlos ist und jede am Ende mit dem eigenen

Partner nach Hause geht, lassen Sie ihn das genießen. Seine Augen strahlen. So haben Sie ihn lange nicht mehr gesehen. Sein Selbstwertgefühl macht heftige Sprünge nach oben. Plötzlich ist das Tanzen des Rentners Lust. Super-super-super-gut! Und zum nächsten Geburtstag bekommen Sie von ihm den Fortgeschrittenen-Kursus geschenkt.

Grund Nr. 71

Viele neue Freunde

Gehen Sie davon aus, dass Ihr Freundeskreis demnächst erst einmal etwas ausgedünnt wird, sofern er aus gleichaltrigen Paaren besteht. Die einen ziehen zu ihren Kindern, die anderen liebäugeln (viel zu früh) mit dem Altenheim, wieder andere verschlägt es nach Mallorca oder Teneriffa, und hin und wieder kommen Ihnen auch die sprichwörtlichen Einschläge etwas näher, also die schwarze Krawatte werden Sie als Mann demnächst öfter mal umbinden müssen. Das ist zwar traurig, aber nicht zu ändern. Doch auf Rente lernen Sie ständig neue Leute kennen, von denen Sie einige schon bald zu Ihren Freunden zählen werden. Die sozialen Kontakte werden nämlich auf Rente nicht weniger, sondern mehr Woran liegt das? Ganz einfach: Die Hast von früher ist nicht mehr da. Sie wirken auf andere Menschen plötzlich viel gelassener als bisher, Sie können sich viel mehr Zeit nehmen, Sie hören intensiver zu, Sie schauen nicht mehr ständig auf die Uhr, Sie sind nicht mehr so gehetzt, Sie sind einfach entspannter. Das macht Freunde. Was für ein wertvoller Mensch Sie eigentlich sind, können Sie erst jetzt zeigen. Es fällt eine große Last von Ihnen ab, so als hätten Sie bisher immer eine Rolle gespielt, verdammt zur ewigen Schauspielerei auf einer Bühne, die schon lange nicht mehr Ihre Bühne war.

Sie stellen sich plötzlich viele Fragen, die Ihnen bisher nie in den Sinn gekommen wären, weil alles so selbstverständlich war, so eingefahren, so streng nach irgendwelchen Regeln ablief, die nicht Ihre gewesen sind. Sie stellen sich Fragen wie diese: Wer bin ich eigentlich? Wie wirke ich auf andere Menschen? Bin ich ein Egozentriker oder ein soziales Wesen? Wie hat die verdammte Firma mein Ego, meine Persönlichkeit verändert oder gar zerstört? Kann ich noch zuhören? Muss ich vielleicht ganz von vorn anfangen und mich völlig neu entdecken, mich neu erfinden, erst einmal zu mir kommen, zu mir selbst finden?

Sie machen das nicht bewusst. Sie werden auf Rente nicht grüblerisch oder gar depressiv. Aber der Abschied von der Hektik des Berufslebens wird nicht folgenlos bleiben. Ihr soziales Verhalten wird sich drastisch verändern, und mit hoher Wahrscheinlichkeit werden Sie ein besserer Mensch sein, als Sie es jemals waren.

Schauplatz 1. Eine winzige Bierkneipe in Hamburg-Eppendorf. Fünf Tische mit je vier Stühlen und der Tresen. Ein Pärchen kommt rein. An jedem der fünf Tische sitzt schon jemand, aber überall sind noch mindestens zwei Stühle frei. Das Pärchen setzt sich an den Tresen und bleibt allein.

Schauplatz 2. Eine winzige Bierkneipe auf Teneriffa im »deutschen« Viertel; hier hauen viele Tausend Rentner in der tristen Jahreszeit ihre Rente auf den Kopf. Fünf Tische mit je vier Stühlen und der Tresen. Ein Pärchen kommt rein. Die Gäste sitzen dicht an dicht, aber es sind noch Stühle frei. Das Pärchen kommt gar nicht bis zum Tresen. »Hey, setzt euch zu uns!« »Hier ist noch Platz!« »Miguel, ich geb einen aus!« »Wo kommt ihr her?« »Lasst uns feiern!« »Warte mal, ich kenn den Dialekt – ihr kommt aus ...« »Mensch, kommt doch morgen wieder her ...«

Es gibt viele Menschen im »Gerade-noch-berufstätigen-Alter«, die sich jetzt angewidert abwenden möchten. »O wie schrecklich! Niemals möchte ich so leben wie die! Ich mag das nicht, wenn man gleich so vereinnahmt wird! Meine Freunde suche ich mir doch selber aus!«

Das alles ist richtig, nachvollziehbar und verständlich. Und trotzdem ist es falsch. Denn was machen die Rentner auf Teneriffa wirklich, ohne dass man sie deshalb gleich zu Helden hochstilisieren muss? Sie haben eine Eigenschaft, die uns berufstätigen Arbeitsbienen leider verloren gegangen ist: Sie können aktiv auf Fremde zugehen, sie haben soziale Kompetenz, sie können unbekannte Menschen eingemeinden, sie gehen erst einmal freundlich auf Unbekannte zu und haben die Grundeinstellung, dass es wohl nette Menschen sein müssen, bis sie schlimmstenfalls vom Gegenteil überzeugt werden. Sie sind ein bisschen so wie die Griechen in dem Lied »Griechischer Wein« von Udo Jürgens, das die Gastfreundlichkeit von Gastarbeitern beschreibt, in deren Stammlokal sich ein Deutscher verirrt hat: »Komm, schenk uns ein. Und wenn ich dann traurig werde … du musst verzeih'n.« Oder so ähnlich.

Rentner sind einfach die sozialeren Menschen. Die Ausnahmen (Blockwarte, Oberlehrer, Besserwisser, Falschparker-Aufschreiber usw.) lassen wir jetzt mal beiseite, denn zu denen werden Sie nicht gehören wollen.

Schauplatz 3. Mit 54 Jahren hat Walter F. einen Schlaganfall erlitten. Nach seiner Wiederherstellung braucht er für 100 Meter circa 30 Minuten. Er setzt immer nur einen Fuß vor den anderen. Zufällig trifft er auf der Straße Heike P., eine erfolgreiche Kollegin von 56 Jahren. Sie erkennt ihn, spricht ihn an und fragt nach seinem Befinden. Walter F. braucht mehrere Sekunden, um einen einzigen halbwegs verständlichen Satz artikulieren zu können. Nach drei Sätzen schaut Heike P. auf die Uhr und verabschiedet sich mit Hinweis auf einen dringenden Termin. Sie hat keine Zeit. Sie ist sozial inkompetent.

Schauplatz 4. Nach einer schweren Operation trifft der ehemalige Mitarbeiter Rüdiger H. (62) zufällig auf seinen Exkollegen Hans B. (59), der sich seit vier Wochen auf Frührente befindet. Hans B. hat Zeit. Er fragt nicht nur, wie es Rüdiger H. geht, sondern er lässt ihn ausreden. Er schaut nicht auf die Uhr. Die beiden begeben sich in ein nahe gelegenes Café und trinken einen Kaffee zusammen. Rüdiger H. erzählt ausführlich, wie er dem Tod buchstäblich »von der Schippe gesprungen« ist. Er kann sich aussprechen. Hans B. unterbricht ihn nicht, sondern hört aufmerksam zu. Seit Rüdiger H. operiert worden ist, hat er einen derart schönen und Mut machenden Nachmittag nicht mehr erlebt. Hans B. hat sehr viel bewirkt. Er konnte das aber nur tun, weil er auf Rente ist.

Rentner-Sex ist einfach besser

Ein sanfter Schleier legt sich über dieses Thema; Rentner sollen unter der Bettdecke nicht beäugt werden. In den vielen Interviews, die für dieses Buch mit Rentnern gemacht wurden, hat sich allerdings ein wesentlicher Punkt herauskristallisiert: Sie genießen ihre Sexualität offenbar entspannter als vorher, weil sie sich nicht mehr dem sexuellen Erfolgszwang unterworfen fühlen. Das ist eine merkwürdige These, die zweifellos einer Erklärung bedarf.

Anscheinend ist es so, dass regelmäßiger Sex in den Jahren oder Jahrzehnten vor der Rente als Beweis für eine intakte Beziehung gilt. Es entspricht ganz einfach dem gesellschaftlichen Konsens, dass regelmäßiger Sex das Synonym für Liebe ist.

Andersherum: Hat man nicht regelmäßig Sex, ist offenbar irgendetwas mit der Beziehung nicht in Ordnung. Die Folge dieser Interpretation von Sex und seiner Bedeutung für die Beziehung ist, dass Menschen mit extremer beruflicher Belastung regelmäßig und im Widerspruch zu ihrem körperlichen Verlangen Sex-»Leistungen« erbringen, um komplizierten Diskussionen über die Qualität ihrer Beziehung aus dem Wege zu gehen. Ganz einfach formuliert: Du schläfst nicht mehr so oft mit mir, also liebst du mich nicht mehr. Warum? Dieser unangenehmen Debatte möchte der berufstätige Mensch aus dem Wege gehen. Deshalb hat er manchmal auch dann Sex, wenn ihm gar nicht danach zumute ist.

Nun ist der Mensch auf Rente. Und schwupp, gilt für ihn ein anderer augenzwinkernder gesellschaftlicher Konsens (genauso verlogen wie der oben erwähnte; jeder angebliche gesellschaftliche Konsens hat bekanntlich etwas Verlogenes): Plötzlich wird er nicht mehr daran gemessen, wie lange er keinen Sex mehr hatte – sondern jeder Sex, den er hat, gilt als erfreuliche Leistung.

Der Rentner kann sich also plötzlich entspannt zurücklehnen. Es erwartet nämlich niemand mehr von ihm, dass er regelmäßig

Sex hat, und es wird auch niemals wieder jemand vermuten, dass zu wenig Sex ein Beweis für seine mangelnde Liebe sei. Erstmals kann der Rentner seinen Sex entspannt genießen, da er aus dem sexuellen Leistungsdruck (zum Nachweis seiner nach wie vor existierenden Liebe) ein für alle Mal entlassen worden ist.

Dies mögen Sie für obskur, abenteuerlich und äußerst bedenklich halten. Es entspricht jedoch der Realität, wie uns viele Rentner im Vertrauen erzählt haben, und übrigens gilt es für Rentner ebenso wie für Rentnerinnen.

Falls Sie sich von diesem Grund angesprochen fühlen und auch Ihr Sex in den letzten Jahren vor der Rente eher ein Pflichtprogramm zum Nachweis Ihrer immer noch existierenden Gefühle für den Partner gewesen sein sollte, dann freuen Sie sich: Auf Rente »können« Sie zwar immer noch, aber Sie »müssen« plötzlich nicht mehr. Dies ist der einzige Grund, warum Rentner-Sex entspannter und besser ist. Aber es ist ein guter Grund. Das sagen jedenfalls die Rentner.

Die Parkbank als solche
wird weit unterschätzt

Zum Horrorbild ihrer Zukunft, das viele junge Leute im Kopf haben, gehört der tatenlose Rentner auf der Parkbank. Außer Tauben füttern kann er nichts mehr machen und hat auch kein Interesse daran. Das Leben fließt so an ihm vorbei. Wenn er dann mühsam aufsteht und sich mit Hilfe seines Krückstockes nach Hause schleppt, bleibt er vor jedem Schaufenster stehen. Nicht, weil ihn das Angebot interessiert. Sondern weil er dringend eine Pause braucht; Ärzte sprechen sogar schon von der »Schaufenster-Krankheit«.

Das Horrorbild ist falsch. Die Parkbank als solche ist viel besser als ihr Ruf. Zunächst einmal empfinden es viele Rentner als Wohltat, dass sie anderen Leuten beim Schuften zuschauen können. Denn Schufterei ist oftmals mit Stress und Ärger verbunden. Der Rentner aber, der da auf der Parkbank sitzt und scheinbar untätig die Stunden verrinnen lässt, der lacht die ganze Zeit still in sich hinein.

Guck mal da, der Handwerker! Fährt schon das dritte Mal genervt ums Viereck auf der Suche nach einem Parkplatz. Jetzt hält er in zweiter Reihe und macht den Warnblinker an. Mensch, sieht der denn die Politesse nicht? Die kommt von der anderen Seite und zückt schon ihren Notizblock. Aber damit nicht genug: Stand nicht erst neulich in der Zeitung, dass die Polizei jetzt massiv gegen Zweite-Reihe-Parker vorgeht? Guck mal einer an, sie nimmt ihr Funkgerät und spricht was rein! Ha, bald kommt der Abschlepper. Und selbst wenn der blöde Handwerker die Lage endlich peilt, muss er trotzdem zahlen. Denn bestellt ist bestellt. Auch wenn er jetzt noch wegfahren sollte. Man könnte ihn warnen. Aber wozu? Lieber bleibt der Rentner noch etwas sitzen und wartet, bis der Abschlepper kommt. Das wird lustig!

Na ja, vielleicht finden Sie das nicht so lustig und können sich überhaupt nicht vorstellen, was daran so toll sein soll: auf der Parkbank hocken und zugucken, wie jemand abgeschleppt wird, und sich auch noch darüber freuen. Aber warten Sie mal ab. Schadenfreude ist bekanntlich die schönste Freude, und das Angenehme am Rentnerleben ist: Die kleinen Freuden, die man früher gar nicht als solche empfunden hat, die bringen einen heute zum Lächeln.

Die Parkbank ist außerdem nicht nur dazu da, andere Leute zu beobachten. Meist findet sich ein anderer Rentner, der auch genug Zeit hat, und zu zweit vergehen die Stunden ganz besonders schnell. Zum Beispiel kann man sich gegenseitig wunderbar etwas von früher erzählen: was für ein toller Kerl man im Job gewesen ist, was für wahnsinnig spannende Reisen man gemacht hat, wie groß der größte Fisch und wie toll die tollste Frau war, die man jemals an der Angel hatte. Auf Parkbänken werden ganze Lebensgeschichten neu geschrieben, der Fantasie sind keine Grenzen gesetzt und aus jedem bescheidenen Leben im Reihenhaus wird eine gigantische Abenteuer-Story. Jeder Mann möchte gern etwas loswerden, was ihn schon sein ganzes Leben lang beschäftigt. Früher fehlte der richtige Gesprächspartner (Frauen können das nicht leisten, weil sie – aus Männersicht – nichts begreifen). In der Firma fehlte die Zeit, um sich endlich einmal richtig auszusprechen. Hier auf der Parkbank, wo kein Termin mehr droht außer »Mutti hat das Essen warm«, hier werden Männer zu Helden und jeder darf ein Star sein.

Man könnte aber auch den Arsch hochkriegen und ganz gemütlich rübergehen zur nahen Großbaustelle. Das ist ein Hammer. Achten Sie mal drauf: Vor jedem Bauzaun finden sich Rentner, die einfach nur so dastehen, die Bauarbeiten wortreich kommentieren und ihr mehr oder weniger fachkundiges Urteil abgeben. Was, fragen sich Frauen und berufstätige Männer, ist so spannend an einer Baustelle?

Jeder Rentner kennt die Antwort. Es ist der Traum aller kleinen Jungen, die in der Sandkiste buddeln: einmal selbst so einen Riesenbagger fahren dürfen, oder noch besser die Abrissbirne bedienen, oder die gewaltigen Rohre mit dieser komplizierten Rohrverlegemaschine dahin transportieren, wo sie hinsollen. Oder oben auf dem Kran sitzen und zentimetergenau abladen. Oder den Fertigzement mit dem Riesenrüssel in die Baugrube schütten. Aus Rentnersicht sind das Traumjobs, die man schon als Kind machen wollte. Es ist jetzt sogar noch schöner, denn man muss weder in aller Herrgottsfrühe raus, noch muss man sich bei Regen und Schnee quälen. Als Rentner schaut man bei gutem Wetter zu, wie andere sich quälen, und bei Regen bleibt man zu Hause.

Auf der Parkbank kann man nachher noch einmal diskutieren, was man heute erlebt hat. Bestenfalls gesellt sich jemand dazu, der sein ganzes Leben so eine Abrissbirne bedient hat, und der kann Geschichten erzählen! Abenteuerlich. Da hören alle Rentner gespannt zu, und leider werden sie diese Geschichten zu Hause nicht wieder los (die Frau hat anderes im Kopf).

Ist nun die Zeit vorbei, in der man die Baustelle inspiziert hat, begibt man sich in den nahen Park und spielt noch eine Runde Rentner-Schach. Das ganze Leben ist plötzlich wie Urlaub. Man hat für jeden Zug so viel Zeit, wie man haben möchte, und keiner drängelt. Man ist entschleunigt. Der Weg ist das Ziel. Und jetzt nach Hause. Das Essen ist warm.

Rentner sind die besseren Partymacher

Das gilt, wenn Sie mal die Klatschspalten lesen, nicht nur für den Schrebergarten-Rentner. Auch die feinsten Millionärs-Partys auf Sylt werden von Rentnern veranstaltet. Natürlich sind die nicht »auf Rente« (diesen Begriff verwenden sie nur scherzhaft), sondern sie haben immer noch ihre Finger überall drin und machen glänzende Geschäfte, auch mit 70 oder 80 noch: Dann sind sie im Aufsichtsrat, haben Beraterverträge oder schauen als Syndikus mal eben kurz auf die Bilanzen. Kein schlechtes Leben. N. zum Beispiel ist jetzt Mitte 60. Der Jurist hatte all die Jahre niemals Zeit, sich um sein schickes Motorboot zu kümmern. Weil er in seinem Konzern aber immer recht gut verdiente, konnte er sich alle paar Jahre ein neues Motorboot leisten, und das war keinesfalls kleiner als das vorige. Eher größer. Jetzt ist N. »auf Rente«, wie er scherzhaft zu bemerken pflegt, aber in Wahrheit hat er erst jetzt den Traumjob seines Lebens: Er ist Syndikus in der Firma, in der er sein halbes Leben verbracht hat, taucht dort zwei bis drei Tage in der Woche auf, bekommt ungefähr genauso viel Honorar, wie er früher verdiente, und verbringt den Rest seiner Zeit auf dem Boot. Gut sieht er aus. Braun gebrannt und vollkommen entspannt. Soeben war er sechs Wochen in Schweden. Man sieht N. nur noch lachen.

So viel Glück hat natürlich nicht jeder. Die meisten Menschen auf Rente müssen den Gürtel enger schnallen und kaufen beim Lidl. Feiern können sie trotzdem, aber wie! Am Stadtrand von Hamburg gibt es einen See, dessen Ufer von mehreren Tausend Wohnwagen mit eigenen Parzellen gesäumt ist. Fast alle hier sind auf Rente. An warmen Sommerabenden wabert der Qualm von brutzelnden Grillwürsten übers stille tiefblaue Wasser, aus Lautsprecherboxen dröhnt die Stimme von Andrea Berg, Nachbarn und Freunde verdrücken kistenweise Flensburger Pils, vor zwei geht hier niemand schlafen, und das kollektive Glück ist spürbar.

Es ist ein bisschen so, wie es rückblickend für viele Ost-Rentner in der DDR gewesen sein mag: Harmonie statt Konkurrenzkampf, Frieden pur statt Sorge ums Weiterkommen und jeder ist ein guter Freund. Schönes Rentnerleben. Sie werden nichts, aber auch gar nichts vermissen.

Von der Erotik eines Malkurses

Man kann auf Rente viele Kurse belegen, um noch etwas dazu-zulernen. Schaden kann das keinesfalls. Man kommt auf ganz neue Ideen und bildet sich weiter. Die grauen Zellen verkümmern nicht so schnell. Und manch einer lernt erst auf Rente, was alles in ihm steckt.

Man kann zum Beispiel die Liebe zur Oper entdecken. Das ist auf den ersten Blick nur was für Frauen, aber so stimmt das nicht: Viele Männer über 65 begeistern sich auch für Verdi & Co. Besonders viel Spaß macht Operngucken, wenn man vorher ein bisschen was über die Handlung weiß und über die Geschichte dieser Oper. Wer sie geschrieben hat, warum, ob jemand sie in Auftrag gegeben hat und wie die Leute damals so gelebt haben. Das ist schon mal eine spannende Spurensuche, die mit Hilfe des Internets ganz einfach ist. Viele Opern, die heute für volle Säle sorgen, waren bei der Uraufführung die reinsten Flops. Keiner wollte so was gucken und erst nach Jahrhunderten kam der Stoff wieder aus irgendeinem Keller ans Tageslicht. Dann hat ihn jemand geklaut und eine Erfolgsstory geschrieben. Das war tatsächlich oft so, und es ist doch richtig aufregend!

In jeder Buchhandlung gibt es kleine Bücher, gar nicht teuer, die das Wesentliche über gerade diese Oper bringen. Links steht der Text auf Italienisch, und rechts steht er auf Deutsch. Dann steckt man schon mal im Thema. Männer lieben es ja, wenn sie ihren Frauen irgendetwas erklären können; sie sind die geborenen Oberlehrer. Deshalb empfiehlt es sich, den Mann mit der Erkundung des notwendigen Wissens zu beauftragen und dann mit großen Augen zu lauschen, wenn er es gnädig mit einem teilen möchte. Übrigens ist es auch dann kein Problem, einer italienischen Oper zu folgen, wenn man vorher gar nichts darüber gelesen hat. Denn meistens wird der deutsche Text in einer Kurzfassung über die Bühne eingebeamt, sodass man bequem mitlesen kann.

Die Oper ist aber nicht das einzige Vergnügen, das sich die meisten erst auf Rente leisten. Manch ein Rentner entdeckt seine Liebe zum Zeichnen, und da bietet sich natürlich ein Malkurs an. Es ist ganz erstaunlich, wie die Leute beim Malen aufblühen. Das eigene Talent zu entdecken ist an sich schon ein ziemlich erotisches Vergnügen. Gern hilft man ja auch dem Nachbarn oder der Nachbarin, wenn da mal was misslingt an der Staffelei. Über Dimensionen, Blickwinkel, Schwünge und den passenden Farbton kommt man schnell miteinander ins Gespräch. Aktmalerei ist auch nicht ohne, denn da hat man ein lebendes Modell und muss sich intensiv mit ihm befassen, rein künstlerisch natürlich. Es gibt übrigens auch sehr gut gebaute männliche Nacktmodelle.

Hat man einmal gelernt, wie so ein Bild entsteht, ist man schnell süchtig danach. Man muss nicht viel ausgeben: eine Staffelei, Ölfarben und Stifte, Leinwand und noch etwas Kleinkram. Schon geht es hinaus in die Natur. Die schönsten Bilder kann man auf dem nächsten Flohmarkt verkaufen, und die nicht so gelungenen sind »Kunst«, die verkaufen sich vielleicht sogar noch besser. Und warum nicht die netten Kollegen vom Malkurs mal zu sich nach Hause einladen und dort gemeinsam weiter üben? Rentner, die alleine leben, sollten jeden Tag mindestens einen neuen sozialen Kontakt knüpfen. Sonst gibt es kein Abendbrot. Freuen Sie sich schon heute auf volles Haus bei Ihnen, und natürlich auf den einen oder anderen Farbklecks, der Ihren Teppichboden verziert.

Frauen auf Rente sind ganz schön übermütig

In allen Städten gibt es Discos für 60+, und was da abgeht, haben Sie noch niemals erlebt. Keine Generation ist tanzfreudiger, kommunikativer, flirtfreudiger und freier von Berührungsängsten als die Generation 60+. Da sitzt niemand allein am Tresen und starrt in sein Glas, so wie das bei den jungen Leuten üblich ist. Da wird nicht tausendmal abgecheckt, ob man Kontakt finden könnte, da wird einfach hingegangen und angequatscht. Vor allem Frauen auf Rente sind wirklich extrem übermütig und haben überhaupt keine Skrupel, fremde Männer mit ihrem Charme zu umgarnen. Und zwar aktiv! Da findet man alles: Frauen, die einsam sind, und welche, die sich nur mal amüsieren möchten. Höchst elegante Damen frisch vom Friseur und eher sportliche, die einen schwindelig tanzen. Die Band da vorn auf der Bühne hat den ersten Titel noch nicht mal richtig angespielt, da zerren sie einen schon auf die Tanzfläche. Die ist sofort brechend voll und ist es um Mitternacht immer noch. Dann sind die Ersten schon wieder weg, und nicht jeder, der alleine gekommen ist, geht auch alleine. Es ist, als wenn die Rente Frauen total entfesselt. Und keinesfalls ist es so, dass sie nur herumflirten wollen. Nein: Tanzen ist erotisch, gar keine Frage, und diese Frauen wissen genau, was sie wollen! Natürlich sind sie auch anspruchsvoll. Ein gepflegtes Gespräch ist das Mindeste, was ein Mann draufhaben muss. Ein paar hübsche Komplimente machen, gut zuhören können und etwas von sich selbst preisgeben: Das ist doch nicht schwer und kommt immer gut an. Schon ist man als Mann von lauter fröhlichen Damen umgeben, die sich gegenseitig auszustechen versuchen. Träumt man, oder ist das wirklich wahr? Das ganze Leben hat man mit der eigenen Frau verbracht, nun ist sie leider verstorben, und kaum geht man mal aus – schon hat man die pralle Auswahl. Frauen auf Rente sind erheblich lustiger als junge. Woran mag das liegen?

Es liegt wahrscheinlich daran, dass Frauen im Rentenalter (zumal, wenn sie selber verwitwet sind) endlich einmal – und oft genug zum ersten Mal – an ihr eigenes Glück denken dürfen und sich keinen Zwängen mehr unterworfen fühlen. Hier ein Glas Sekt, dort einen Cocktail, und schon werden sie extrem witzig. Obendrein sind sie auch noch äußerst interessiert daran, möglichst viel von einem zu erfahren. Da kann man all das wortreich erklären, was man schon immer mal loswerden wollte: zum Beispiel, was für ein toller Typ man früher gewesen ist und was man alles erreicht hat im Leben. Ganz ehrlich: In der eigenen Ehe hatte man nicht unbedingt immer den idealen Zuhörer an seiner Seite. Plötzlich ist man ein Held, und alle wollen immer noch mehr wissen. Das Leben ist plötzlich so leicht, so spielerisch, so unbeschwert. Man geht aus sich heraus, man lacht und scherzt, man flirtet und übertreibt natürlich maßlos. Man wächst irgendwie über sich hinaus. Wenn es dann nach Hause geht, hat man jede Menge Kontakte geknüpft, viele Telefonnummern ins Handy gespeichert und mehr Verabredungen, als man Zeit hat. Ist man wirklich noch derselbe eigenbrötlerische Typ, der eigentlich gar keine Kontakte wünschte und eher für sich selbst lebte? Nein: So eine Disco für 60+ hat einen ganz schön verändert, und eins ist ganz sicher: Da geht man wieder hin.

Endlich Zeit für die Familie

Die Enkel brauchen dringend ihre Großeltern

Wenn Sie noch länger mit der Rente warten, sind Ihre Enkel groß und Sie haben die schönste Zeit mit ihnen verpasst. Denn solange Sie arbeiten gehen, können Sie sich nicht wirklich richtig mit ihnen beschäftigen. Großeltern sind aber für die Entwicklung von Kindern unglaublich wichtig. Das allein ist schon ein Grund, sofort auf Rente zu gehen – er ist vielleicht sogar der wichtigste von allen 111 Gründen in diesem Buch.

Als ich den Bestseller »Wie Teenies ticken«[12] schrieb, sprach ich mit den unterschiedlichsten Kindern und Jugendlichen. Sie kamen aus guten Elternhäusern und dem sogenannten bildungsfernen Milieu, es waren Einzelkinder und welche mit vielen Geschwistern dabei, Kinder von deutschen Eltern und viele mit Migrationshintergrund. Je nach Alter hatten sie unterschiedliche Hobbys, Lieblings-Stars und »Geschmäcker«, aber eins hatten alle gemeinsam: die tiefe Liebe zu den eigenen Großeltern.

»Mit denen kann ich alles besprechen.« »Die interessieren sich wirklich für mich.« »Die haben immer ein Ohr.« »Die sind so lustig.« »Und wenn sie erst von früher erzählen!« »Ich hätte es so gern, wenn sie näher bei uns wohnen würden. So kann ich sie immer nur in den Ferien besuchen.« »Alt sind die überhaupt nicht, im Gegenteil: Manchmal kommen sie mir jünger und verrückter vor als meine Eltern!« »Leider sind meine Großeltern schon gestorben. Aber weil ich sie so vermisse, gehe ich oft mit zu den Großeltern von meinen Freunden. Das ist zwar nicht dasselbe, aber doch ein bisschen so.«

Es soll hier ja nichts Negatives über Eltern gesagt werden. Aber wer sich mit Kindern und Jugendlichen intensiv beschäftigt, bei

---

12 *Schwarzkopf & Schwarzkopf Verlag, Berlin 2007, 9,90 Euro*

dem entsteht frühzeitig der (eher traurige) Eindruck, dass die Elterngeneration von heute viel zu sehr mit sich selbst beschäftigt ist. Diese Generation möchte alles gleichzeitig schaffen: Karriere machen (und zwar nach Möglichkeit beide), ein Haus abzahlen, schöne Autos fahren, Urlaub machen, eine gute Ehe führen, einen großen Freundeskreis pflegen und auch noch gute Eltern sein. Manchmal wird man den Eindruck nicht los, dass am letzten Punkt zuerst gespart wird. Es gibt unzählige Kinder, die sich mit ihren Eltern kaum noch richtig unterhalten können, weil man irgendwie den Anschluss verpasst hat und nun in zwei verschiedenen Welten lebt. Ich meine damit nicht, dass Eltern und Kinder gar nicht mehr miteinander sprechen, das tun sie durchaus, aber eben nur über die gemeinsamen Schnittstellen: Schule, gemeinsame Unternehmungen, das abendliche TV-Programm und (wenn's hochkommt) über die wichtigen Ereignisse des Tages. Aber warum ein Jugendlicher eine bestimmte Musikgruppe verehrt und was die Botschaft in deren Texten ist, weiß heutzutage kaum ein Erwachsener. Nur ganz wenige Eltern wissen, welche Computerspiele ihre Kinder bevorzugen oder haben gar selbst einmal dieses Spiel ausprobiert. Mit wem die Kinder im Internet chatten, bleibt meistens deren Geheimnis. Entsprechend groß sind die Gefahren, wie man heute (unter anderem auch dank Frau zu Guttenberg[13]) weiß.

Genau hier sind Sie nun gefragt. Heute ein verantwortungsvoller Opa oder eine liebende Oma zu sein, das ist mehr als nur Gutenachtgeschichten erzählen und bei Grippe ein Huhn auskochen. Das bedeutet, das Vertrauen der Kinder zu gewinnen, viele Geheimnisse mit ihnen zu teilen und als Mediator zwischen Eltern und Kindern behutsam gegenseitiges Verständnis zu wecken. Sie müssen präsent sein. Das Kind kann ja mit den Hausaufgaben, die es alleine nicht schafft, schlecht bis zu den großen Ferien warten. Die drängende Frage, die das Kind hat, duldet auch keinen Aufschub. Mit den eigenen Eltern zu reden fällt ihm schwer. Außerdem

---

13 *Die Frau des 2010 amtierenden Verteidigungsministers kämpft öffentlich gegen Kinderschänder im Internet.*

gibt es sehr oft viel zu schnell Streit, denn Eltern sind gestresst, und vor allem: Sie haben eine bestimmte Vorstellung davon, was für das Kind gut und was nicht so gut ist. Eltern machen zu schnell Druck. Nur Sie als Großeltern haben die liebevolle Fähigkeit, dem Kind wirklich ausführlich zuzuhören und es nicht gleich auf einen bestimmten Weg einzuschwören. Sie bringen eine Unzahl von eigenen Erlebnissen mit, die vielleicht nicht mehr so richtig in die heutige Zeit passen – die aber im Grunde vergleichbar sind. Nutzen Sie die Chance! Gehen Sie auf Rente! Sonst ist es bald zu spät.

Dem Drei-Generationen-Haus
gehört die Zukunft

So richtig familienfreundlich ist dieses Land nicht. Sonst würden Wohnprojekte mit drei Generationen unter einem Dach staatlich gefördert. Das wäre höchste Zeit, steht aber in keinem politischen Parteiprogramm. Dabei würde sich eine solche Förderung durchaus rechnen: Bessere Kinderbetreuung ist eine der wichtigen Voraussetzungen für eine Abnahme der Jugendkriminalität, mit erheblichen positiven Konsequenzen für Justiz, Strafvollzug und Arbeitslosenquote. Bessere Schulabschlüsse wären eine weitere Folge mit dem schönen Resultat, dass mehr junge qualifizierte Fachkräfte auf den Markt kämen. Mehr Mütter mit guter Ausbildung könnten vorzeitig auf den Arbeitsmarkt zurückkehren; die Diskussion um den notwendigen Zuzug von ausländischen Arbeitskräften, der ja auch mit erheblichen Auswahl- und Kontrollkosten verbunden ist, würde zweitrangig. Die staatliche Kinderbetreuung in den Schulen könnte zurückgeschraubt werden. Krankenhaus- und Pflegekosten im Alter, eine der größten sozialen und finanziellen Herausforderungen unserer Zeit, ließen sich drastisch reduzieren. Jede Familie, die ein Drei-Generationen-Haus baut oder kauft, bekommt zum Beispiel 50.000 Euro Zuschuss, verpflichtet sich zur Pflege der Alten, solange es eben geht, und verzichtet aufs Kindergeld (scheitert das Projekt, wird wieder Kindergeld gezahlt und der Zuschuss über die Dauer der Restzahlung verrechnet): So oder ähnlich könnte ein Konzept aussehen, mit dem der Staat sehr viel Geld sparen und etwas wirklich Vernünftiges für die Zukunft unserer Kinder tun könnte.

Für Sie ist das natürlich zweitrangig, denn Sie sind nicht in der Politik. Wenn Sie aber liquide genug sind, sollten Sie für die Zeit nach der Rente mal über den Kauf eines Drei-Generationen-Hauses nachdenken und die Sache mit Ihren Kindern (und den Enkeln natürlich) durchsprechen. Das ist die schönste Lebensform von allen, wenn man einigermaßen miteinander zurechtkommt. Eine Win-win-Situation: Sie vereinsamen nicht, sondern haben noch eine richtige Aufgabe vor sich. Ihre Kinder sind viel freier und dadurch entspannter. Den Segen für die Enkel haben wir schon besprochen. Alle unter einem Dach, jede Generation mit ihrem separaten Lebensbereich und ein gemütlicher Raum für alle, in dem man sich gerne trifft: Das braucht viel Platz und kostet Geld, aber es kann noch für einige Jahrzehnte das schönste Projekt Ihres Lebens werden. Wobei eine riesengroße Küche eigentlich wichtiger ist als ein Gemeinschaftsraum, denn letztendlich werden sich doch alle am liebsten in der Küche treffen.

Jetzt erfüllt sich Ihr Leben

Nachdem Sie nun über vier Jahrzehnte rennend im Hamsterrad des Berufes anzutreffen waren, stellt sich zwangsläufig die Frage nach dem Sinn Ihres Lebens. Wozu haben Sie sich das alles angetan? Wer dankt es Ihnen? Für wen haben Sie Ihre Gesundheit ruiniert? Wäre es nicht viel besser gewesen, wenn Sie all die Jahre in den Tag hinein gelebt hätten?

»Schaut die Lilien auf dem Feld an, wie sie wachsen: Sie arbeiten nicht, auch spinnen sie nicht.«[14] Und der Herrgott, so wird Jesus dann sinngemäß weiter zitiert, der ernährt sie doch. Kurzum, die Message lautet: Nur Dummköpfe (in der Bibel sind es die »Heiden«) reiben sich für weltliche Werte auf. Wer schlau ist, konzentriert sich aufs Wesentliche (beten, gottgefällig leben, Gutes tun usw.). Ganz schön aktuell, die Bibel! Ähnliche Überlegungen werden Sie ganz zweifellos auch schon einmal angestellt haben. Also: Jetzt im Alter stellt sich die Frage nach dem Sinn.

Sie haben für sich und Ihre Familie einen gewissen Wohlstand, die Grundlage für ein schönes Leben und für eine gute Ausbildung Ihrer Kinder geschaffen. Das könnte durchaus sinnvoll gewesen sein und war es hoffentlich auch. Nur haben Sie danach nicht aufgehört mit dem Hamsterrad, sondern Sie sind immer weiter gelaufen. Das kann also nicht der eigentliche Sinn gewesen sein.

Sie haben sich mit Ihrem Einsatz im Hamsterrad eine gewisse Freiheit erkämpft, zum Beispiel konnten Sie mit Ihrer Frau fremde Länder besuchen und viel Neues lernen und erfahren. Das ist ganz zweifellos ebenfalls sinnvoll. Nur hätten Sie viel mehr Freiheit erlebt, wenn Sie sich gar nicht erst ins Hamsterrad begeben hätten. Äußerst sinnvoll war das nicht, wenn Sie mal von der »Steigerung des Bruttosozialprodukts« absehen und nur an sich selbst denken mögen.

---

14 *Matthäus 6, Vers 28*

Vielleicht kennen Sie ja den Witz von dem Touristen, der im Urlaub am helllichten Tag einen halbnackten Eingeborenen ganz entspannt im Schatten sitzen sieht. »Hey, du Faulpelz«, sagt der Tourist, »warum gehst du nicht arbeiten?« Sagt der Eingeborene: »Weißer Mann, warum soll ich arbeiten?« Sagt der Tourist: »Du kannst dir dann viel leisten, zum Beispiel Urlaub machen!« Sagt der Eingeborene: »Weißer Mann, sag es mir: Was soll ich im Urlaub tun?« Sagt der Tourist: »Du könntest einfach mal nichts tun und im Schatten sitzen!« Sagt der Eingeborene: »Weißer Mann, schau mich an: Genau das mache ich gerade.«

Na ja. Fragen wir weiter nach dem Sinn Ihres Lebens, so wie es sich bis heute gestaltet hat (40 Jahre im Hamsterrad, Sie wissen schon). Sie könnten Ihren Kindern gewisse Werte vermittelt und sich dadurch quasi unsterblich gemacht haben, denn Ihre Werte leben weiter? Stimmt zweifellos. Und Glückwunsch, wenn es funktioniert hat. Das ist wirklich ein schöner Lebenssinn. Allerdings hätten Sie dann bereits aus dem Hamsterrad aussteigen können, als Ihre Kinder volljährig wurden bzw. Sie keinen Unterhalt mehr zahlen mussten: Denn ab diesem Zeitpunkt waren die lieben Kleinen ohnehin auf sich selbst gestellt und haben ihre eigenen Wertvorstellungen entwickelt, auf die Sie kaum noch Zugriff hatten. Also ist das auch nicht so richtig überzeugend, wenn man mal ganz generell nach dem Sinn Ihres Lebens fragt.

Jetzt haben Sie Enkel. Das Hamsterrad dreht sich erst ein wenig langsamer, dann gerät es ins Stocken, danach macht es noch einige mühsame Umdrehungen und bleibt am Ende stehen. Sie lauschen auf die unglaubliche Stille. Es ist so still, dass es Ihnen in den Ohren dröhnt. Da ist – nichts mehr! Sie hatten längst vergessen, wie sich Stille anhört! Sie verlassen das Hamsterrad, Sie schauen sich verwirrt um – wie sollen Sie leben mit dieser Stille? Da ruft ein Kind: »Opa, erzähl mir eine Geschichte von früher! Bitte, Opa!«

Und in diesem Moment wissen Sie, was jetzt wichtig ist: dass Sie Ihrem Enkelkind genau diese Geschichte erzählen.

Familienfeste werden jetzt erst richtig schön

Nach Lektüre von Grund Nr. 79 möchten Sie vielleicht schon morgen früh mit Tränen in den Augen an der Tür des Personalchefs rütteln, um Ihre sofortige Befreiung aus dem Hamsterrad zu verlangen. Das jedoch lassen Sie besser. Verhandlungen um Abfindungen müssen immer mit kühlem Kopf geführt werden, und es gilt die alte Regel: Wer sich zuerst bewegt, der hat verloren. Aber bis man Ihnen ein anständiges Angebot unterbreitet, möchten wir Ihr Augenmerk auf die künftigen Familienfeste richten. Die werden nämlich erst richtig schön, wenn Sie auf Rente sind.

Weihnachten naht. Die Kinder kündigen sich an. SIE will alles »schön« haben, was in Frau-Deutsch heißt: Es soll perfekt sein. IHM ist das ziemlich egal, denn er will vor allem seine Ruhe. Da er ihr auch dieses Jahr wieder keine große Hilfe sein wird, muss sie wieder einmal alles selber machen. Sie putzt und dekoriert, sie klagt über den schiefen Tannenbaum (den aufzustellen, lässt er sich natürlich nicht nehmen), sie macht und tut und reibt sich auf und ist zwischen dem vierten Advent und Heiligabend dementsprechend fertig. Er hingegen ist die Ruhe selbst, was sie zusätzlich aufregt. Unbill droht. Sein Argument ist: Schatz, ich war das ganze Jahr über im Stress, kann ich denn nicht wenigstens Weihnachten mal ausspannen? Ihr Argument ist: Schatz, ich war das ganze Jahr über im Stress, kannst du mir denn nicht wenigstens Weihnachten mal etwas abnehmen?

Den Spagat, die Kinder willkommen zu heißen, den Baum zu schmücken, die Geschenke zu platzieren, mit den Enkeln zu spielen, die Kerzen anzustecken und die Gans punktgenau aus dem Ofen zu holen und dabei total entspannt zu bleiben, kriegt sie wahrscheinlich auch dieses Jahr nicht hin. Wie denn auch? Sie nimmt sich einfach zu viel vor (aus Männersicht). Dabei sollte sie lieber alles ganz ruhig angehen lassen, sagt ihr Mann (der längst auf dem Sofa sitzt und mit dem Schwiegersohn soeben die dritte Flasche Bier köpft).

So geht es vielen Ehepaaren, solange sie noch berufstätig sind. Wenn aber beide auf Rente sind, kann man so ein Familienfest ganz anders angehen. Kluge Frauen machen das auch. Und viele erleben auf Rente das erste Weihnachtsfest seit Jahren (womöglich sogar seit ihrer Hochzeit), bei dem sie so richtig abschalten können.

Weil er nämlich nicht mehr »das ganze Jahr über im Stress« ist, kann er sich nun auch mal kümmern, und zwar um alles: ums Essen, um die Gäste, um den Baum (nicht nur schief aufstellen! Auch dekorieren!), um die Kerzen und natürlich auch ums Essen. Genau das teilt sie ihrem Rentner-Mann frühzeitig mit. Er akzeptiert.

Und was passiert? Das Gegenteil von dem, was sie erwartet hat. Es gibt kein Chaos. Der Baum brennt nicht ab. Der Tisch ist gedeckt. Die Kinder kochen mit. Es gibt zwar nicht die traditionelle Gans, aber irgendetwas anderes, was sich die Enkel gewünscht haben. Spaghetti mit Tomatensoße vielleicht, oder Pommes rotweiß, oder selbst gemachte Big Macs. SIE öffnet gerade mit der Tochter den dritten Piccolo und denkt: Warum bin ich nicht schon längst aus diesem Hamsterrad ausgestiegen?

Männer entdecken ihre Liebe zum Haushalt und zum Organisieren oftmals erst dann, wenn sie auf Rente sind. Man muss sie nur machen lassen und darf ihnen keinesfalls reinreden. Männer lieben es ja, wenn sie ihr eigenes Projekt planen und durchführen können; sie werden eins damit, fühlen sich wie Generäle im Gefechtsstand und wollen nach dem errungenen Sieg natürlich reichlich gelobt werden. Das weiß die kluge Frau. Sie hat auch schon darüber nachgedacht, dass er ja nun wirklich sein Leben lang ständig im Schützengraben des innerbetrieblichen Konkurrenzkampfes gelegen hat und dass ihm nun etwas fehlt, denn er fühlt sich mit Erreichen des Rentenalters wie ein hoch dekorierter Offizier, der über Nacht die Uniform, alle Orden, die Waffen und den Helm abgeben musste und der in keiner Weise auf das Leben als Zivilist vorbereitet worden ist. Also schafft ihm die kluge Frau einen neuen Kriegsschauplatz. Die komplette Vorbereitung, Organisation und Durchführung eines Weihnachtsfestes mit Besuch von Kindern und Enkeln kann für ihn durchaus so ein Kriegsschauplatz sein.

Er muss es nur früh genug erfahren, also bitte nicht erst am vierten Advent darüber sprechen. Männer brauchen einen Plan. Dieser muss mit anderen Männern diskutiert werden. Danach bedarf der Plan gewisser Änderungen. Als Nächstes folgt eine erneute Diskussion über den geänderten Plan, direkt gefolgt von der Ausarbeitung einiger strategischer Papiere, deren Bedeutung sich nur Männern erschließt. Der Einkauf will wohl bedacht sein. Entsprechende Rezeptbücher gilt es zu kaufen und sorgfältig zu studieren. Man könnte die Liste der notwendigen Tätigkeiten beliebig fortsetzen. Die Frau darf währenddessen alles tun, was sie möchte, nur eines darf sie niemals tun: ihm reinreden. Denn nun ist es SEIN Projekt.

Wenn sich doch alle Frauen in die Situation eines Mannes auf Rente hineinversetzen könnten! Über Nacht werden sie zwangsläufig (nicht immer freiwillig) aus »ihrer« Firma in eine andere versetzt, in eine »Quasi-Firma«, die den Namen »Familie« oder »Haushalt« trägt. Nur (man kann sagen: Leider ist das so) haben sie in dieser neuen Firma überhaupt nichts zu melden, weil sie die Regentschaft in dieser neuen Firma aus Faulheit oder Bequemlichkeit ihr Leben lang jemand anderem überlassen haben (der Frau nämlich). Also sind sie gezwungen, quasi wieder von vorn anzufangen, sich nämlich hochzuarbeiten vom dämlichen nichts-wissenden Azubi bis zur Führungspersönlichkeit. Das funktioniert aber nicht, weil da schon jemand anders führt. Deshalb lassen sie sich hängen und machen gar nichts mehr. Dann sterben sie auch früh.

Männer brauchen Aufgaben. Männer muss man fordern und fördern (Sie kennen diesen Begriff aus der Migrationsdebatte. Dass er auch für Männer auf Rente gilt, darauf ist noch keiner gekommen). Männer muss man etwas alleine durchziehen lassen, was sie schon immer gerne gemacht hätten. Männern (noch einmal ganz deutlich) darf man niemals reinreden. Männer sind so! Und in jedem Mann steckt ein glücklicher Rentner, wenn man ihn nur machen lässt.

So. Und was ist nun mit Frauen auf Rente? Natürlich gilt das meiste, was in diesem Buch steht, auch für sie (es wurde nur aus rhetorischen Gründen auf die politisch korrekte Schreibweise verzichtet, also es hieß nicht jedes Mal »RentnerInnen«, wenn von Rentnern und Rentnerinnen die Rede war). Aber weil es doch gewisse Unterschiede gibt, wird der »Frau auf Rente« später noch ein eigenes Kapitel gewidmet.

Was immer Sie im Leben falsch gemacht haben, das machen Sie jetzt wieder gut

Denken Sie zurück: Es gibt eine ganze Reihe von Menschen, die Sie irgendwann einmal sehr verletzt haben oder von denen Sie in grauer Vorzeit sehr verletzt worden sind. Diese Menschen würden keinesfalls zu Ihrer Beerdigung kommen, und Sie selbst würden denen auch nicht einmal einen Kranz aufs Grab legen lassen. Das ist völlig normal. Jeder braucht Feinde. Ein Leben ohne sie wäre steril, aseptisch und zum Gähnen langweilig. Aber die Rentnerzeit ist die Zeit der Versöhnung. Es ist Zeit, dass Sie Ihren Frieden machen. Sicher: Je mehr Feinde Sie gesammelt haben, desto praller und spannender war Ihr Leben – aber desto mehr Zeit werden Sie jetzt brauchen, um sich mit möglichst vielen von denen auszusöhnen.

Der Grund ist einfach: Eines fernen Tages spüren Sie Ihr Ende nahen, und spätestens dann überkommt Sie ein seltsames Verlangen nach Frieden und Harmonie. Es ist ja nicht so, dass alle Ihre Feinde alleine an dem Zerwürfnis schuld wären. Sondern auch Sie hatten Ihren Anteil daran (wenn Sie das heftig bestreiten möchten, dann warten Sie mal, bis Ihr letztes Stündlein geschlagen hat: Der Blick aufs Jenseits eröffnet mitunter ganz neue Perspektiven, wie man hört).

Pro Feind können Sie ein gutes Rentenjahr einplanen. Denn es ist ja nicht damit getan, beim Feind zu klingeln und in die Gegensprechanlage zu rufen: »Ich bin's, dein Erzfeind seit 30 Jahren! Wollte mich nur kurz mit dir versöhnen, kann ich mal raufkommen?«, oder so ähnlich. Das würde nicht funktionieren. Sondern das Ende der Feindschaft beginnt in Ihrem Kopf. Sie werden jede einzelne Feindschaft daraufhin überprüfen müssen, inwieweit Sie selbst Ihren Beitrag dazu geleistet haben (oder was Sie fahrlässig unterlassen haben, als die Zeit dafür gewesen wäre). Sie müssen Selbstkritik üben. Sie müssen versuchen, sich mit den Augen des

Feindes zu sehen. Sie werden sich nicht länger mit Totschlag-argumenten von jeder Schuld freisprechen können, sondern Sie werden versuchen, Ihr eigener Ankläger, Verteidiger und Richter zu sein.

Das ist schwer, das kostet viel Zeit und sollte unbedingt schriftlich festgehalten werden. Wenn Sie wirklich ohne Schuld eines Tages vor die höchstrichterliche Instanz treten wollen, dann werden Sie sich bei vielen Menschen zu »ent«-schuldigen haben, und nichts anderes bedeutet das Wort »entschuldigen«: Die eigene Schuld, die man auf sich geladen hat in all den Jahren, wieder los-zuwerden, und zwar rücksichtslos und vor allem ohne Rücksicht auf die eigene Befindlichkeit.

»111 Gründe, sich auf die Rente zu freuen«: Die meisten Gründe sind ja eher zum Schmunzeln, aber dieser 81. Grund ist eigentlich ziemlich ernst. Erst kürzlich saß ich am Totenbett eines guten Freundes, der sich viel zu früh verabschiedet hat. Er sagte: »Weißt du, was mir am meisten leidtut? Es sind die vielen verpatz-ten Gelegenheiten, danke und Entschuldigung zu sagen.« Wenig später war er tot, aber er war ja noch nicht auf Rente, hatte die Lebensphase des »Mit-sich-und-der-Umwelt-ins-Reine-kommen-Wollen« also gar nicht mehr erleben dürfen.

Je früher Sie damit anfangen, mit sich und der Umwelt ins Reine zu kommen, desto besser. Nachdem Sie die einzelnen Feindschaf-ten für sich analysiert, Ihren eigenen Anteil daran möglichst groß-zügig bemessen und die Schuld des Feindes gnädig auf ein erträg-liches Mindestmaß reduziert und das alles auch noch verinnerlicht haben, also selbst ganz fest glauben, dass es genauso gewesen ist, bedarf es einer Kontaktaufnahme, die Sie möglicherweise vor neue Herausforderungen stellt. Diese Kontaktaufnahme duldet keinen weiteren Aufschub, denn sonst stirbt Ihnen der Feind weg, und das ist keinesfalls in Ihrem Sinne. Sie wollen sich ja nicht mit einem Grabstein versöhnen.

Sie werden die vielen verschiedenen Möglichkeiten einer Kon-taktaufnahme mitsamt ihren Vorteilen und Risiken gegeneinander abwägen und am Ende wahrscheinlich auf den klugen Gedanken kommen, erst einmal einen Brief zu schreiben. Keine Mail, sondern einen richtigen altmodischen Brief mit Umschlag, Marke draufkleben und so. Denn nur der Brief hat den Vorteil, dass Sie ihn zerreißen, wegschmeißen und neu schreiben können. Bei der Mail drückt man allzu oft viel zu schnell auf »Senden« und wünscht sich schon Minuten später, man hätte doch noch eine Nacht länger darüber geschlafen.

Das ist übrigens ein weithin unbemerktes Phänomen unserer Zeit, eine schwerwiegende und in ihrer Tragweite dramatisch unterschätzte Folge der blitzschnellen Kommunikation im World Wide Web: Weltweit werden täglich mindestens eine Million E-Mails zu schnell abgeschickt und hinterher bereut, was ungeahnte Folgen hat. Beziehungen gehen kaputt, andere (die nie hätten beginnen dürfen) bahnen sich an und enden später in einer Katastrophe, Karrieren gehen zu Ende, Menschen sterben durch Rufmord oder werden in den Selbstmord getrieben. Nur weil es den Buttom mit dem verführerischen Hinweis »Senden« gibt.

Viele Briefe werden Sie schreiben müssen, und nicht alle werden beantwortet. Denn es hat nicht jeder Feind darauf gewartet, dass Sie altersmilde werden. Manch einer hat einen derartigen Groll auf Sie, dass er den gern mit ins Grab nehmen möchte. Auch damit haben Sie zu leben. Aber dann – dann haben Sie es wenigstens versucht.

Die Schwiegertochter kann endlich wieder arbeiten gehen

Die ist jung! Die vermisst etwas! Und Sie werden doch im Grunde gar nichts vermissen, wenn Sie nach so vielen Jahren den täglichen Ärger und Stress gegen einen sonnigen Platz auf der Bank des Spielplatzes eintauschen. Also nehmen Sie ihr die Kinder ab, damit sie endlich wieder arbeiten gehen kann. Sie wird es Ihnen zu danken wissen.

Schwiegertöchter haben heute ja ein Problem: Jahrelang sind sie sehr gut ausgebildet worden. Dann kam der Wunsch nach Kindern. Und sobald die Kinder laufen konnten, kam der Wunsch, den Anschluss im Beruf nicht zu verlieren.

Dass man beides – Kinder und Beruf – nur sehr begrenzt miteinander vereinbaren kann, das wusste Ihre Mutter ebenso gut wie Ihre Großmutter, und Sie wissen es im Grunde auch. Aber es entspricht nicht dem Mainstream, darüber laut zu diskutieren. Deshalb tun Sie gut daran, Ihre Schwiegertochter darauf gar nicht erst anzusprechen. Was Sie aber tun können, ist, ihr die Kinder abzunehmen. Großeltern sind sowieso die besseren Eltern.

Im Endergebnis haben Sie eine neue Aufgabe, die Kinder werden es genießen und Ihre Schwiegertochter kann sich in aller Ruhe und mit dem notwendigen Elan ihrer eigenen Karriere widmen. Da sie nun nicht mehr unzufrieden zu Hause herumhängt, sondern wieder richtige »Erfolgserlebnisse« hat (wie man das heute nennt), wird sie obendrein noch eine fröhlichere Ehefrau sein, was wiederum die Haltbarkeit der jungen Ehe steigern dürfte. Der Wert Ihrer neuen Tätigkeit als Babysitter fürs Allgemeinwohl ist also gar nicht hoch genug einzuschätzen. Und es ist im Grunde ein Skandal, dass Sie vom Staat dafür kein Geld kriegen.

Grund Nr. 83

Eben mal aushelfen,
wenn es eng wird

Aber auch, wenn Sie sich den Job als fest eingeplanter Babysitter nicht so richtig vorstellen können – aushelfen können Sie doch mal! Viele junge Familien haben ihr Leben ja auch ohne Großeltern im Griff: Er bringt das Kind in den Kindergarten, sie holt es ab, hier eine Früh- und da eine Spätschicht, das kann man alles wunderbar organisieren, und einer von beiden wird es schon einrichten. Kann funktionieren. Wird es aber nicht.

Da sind dann zwei Kinder, und eines wird plötzlich krank. Was nun? Schon kommt das fein ausgeklügelte System, das natürlich keinen Plan B hatte und Notfälle wie diesen überhaupt nicht berücksichtigte, durcheinander. Oder ER muss auf Montage und ist eine Woche im Ausland. Oder SIE hat in der Firma zwei kranke Kolleginnen und muss Doppelschichten einlegen. Die jungen Leute haben ihr Leben aufs Doppelverdienen gebaut, denn ohne zwei Einkommen könnten sie ihre Wohnung gar nicht abzahlen. Aber schon der kleinste Zwischenfall bringt ihr schönes Lebensmodell ins Wanken, was Sie natürlich von Anfang an genauso vorausgesehen (aber besser nicht laut gesagt) haben. Jetzt passiert es. Und das ist Ihre Stunde.

Helfen Sie aus, wenn es eng wird! In sechs oder acht Stunden können Sie fast jeden Ort in Deutschland mit der Bahn erreichen. Plötzlich sind Sie unersetzbar, was man ja in den letzten Jahren der Berufstätigkeit nicht unbedingt von Ihnen sagen konnte. Hier werden Sie wirklich gebraucht. Einige Tage verbringen Sie mit Ihren Enkelkindern, bringen gleich noch ganz nebenbei den Garten in Ordnung, lassen sich als Retter in der Not feiern und fahren wieder nach Hause.

Endlich Zeit für Ahnenforschung

Der Mensch hat eine tiefe Sehnsucht danach, seine Wurzeln zu erforschen. Aber solange Sie berufstätig sind, haben Sie dafür natürlich keine Zeit. Auf Rente jedoch können Sie endlich damit anfangen. Und eines ist klar: Das ist eine Aufgabe, die Sie bis zu Ihrem seligen Dahinscheiden nicht mehr bewältigen werden. Sie ist einfach zu umfangreich und zu kompliziert. Aber Sie können damit wenigstens anfangen und darauf hoffen, dass Kinder, Enkel oder Urenkel Ihr begonnenes Werk vollenden werden. Irgendeiner von denen wird sich ja wohl so wie Sie für die Familiengeschichte interessieren.

Ahnenforschung beginnt immer am obersten Ende des sich weit verzweigenden Baumes, nämlich bei Ihren Enkeln. Die malen Sie nebeneinander auf ein Blatt Papier und fügen auch gleich Fotos hinzu. Das ist noch nicht schwer. Darunter verzweigt es sich: die Eltern der Enkel. Zwei Familien. Der eine Ast wird zunächst weniger hergeben, denn der ist die andere Seite – Ihre Seite liegt Ihnen zunächst näher, also forschen Sie da erst einmal weiter. Der Ast mit Ihrer Linie führt rasch zu Ihnen, nachdem die Geschwister der zweiten (Eltern-)Generation eingezeichnet worden sind. Zu deren Stammbäumen kommen Sie dann später. Erst einmal geht es um Ihre Vorfahren, die jetzt dran sind. Ein DIN-A4-Blatt wird spätestens jetzt nicht mehr ausreichen, deshalb suchen Sie sich Hilfe im Internet, wo es entsprechende Angebote und bereits vorgemalte Ahnenbäume gibt. Schon bald sind Sie auf historischer Fährte. Wen hat Ururoma Erna eigentlich geheiratet, und was ist aus dessen Familie geworden?

Meistens ist es möglich, die Geschichte einer Familie wenigstens bis zum 17. Jahrhundert zurückzuverfolgen, denn irgendwo, in einem alten Archiv oder in verstaubten Wälzern, ist immer eine Spur. Die Suche danach ist unglaublich spannend. Es ist eine historische

Detektivarbeit, die gleich mehrere Vorteile hat: Erstens bleiben Sie im Kopf fit, denn Sie müssen sich richtig anstrengen. Zweitens tun Sie etwas wirklich Sinnvolles für die Nachwelt, für die Enkel und Urenkel. Und drittens stoßen Sie vielleicht auf Geschichten, von denen Sie heute noch gar nichts wissen. Es wäre nicht das erste Mal, dass ein Hobbyforscher auf historische Sensationen stößt!

An dieser Stelle ist jedoch ein Warnhinweis angebracht. Ahnenforschung kann süchtig machen. Sie fangen mit den Fotos Ihrer Enkel an und sind sehr schnell bei Ihren eigenen Großeltern, aber danach haben Sie derart viele unbearbeitete Zweige an dem Stammbaum, dass Sie mit acht Stunden täglich nicht mehr hinkommen. Wenn Sie also den Stress der Berufstätigkeit gegen ein beschauliches Rentnerleben eintauschen möchten, sollten Sie gar nicht erst mit der Ahnenforschung beginnen. Daran beißen Sie sich nämlich die Zähne aus.

Sie werden niemals fertig. Jede beantwortete Frage wirft hundert neue Fragen auf. Sie müssen reisen, um alte Dokumente vor Ort zu sichten. Sie werden viel lesen, viel herumtelefonieren, im Internet unterwegs sein und vor allem immer wieder an Ihre Grenzen stoßen, die Sie aber nicht akzeptieren werden. Haben Sie eine Partnerin oder einen Partner an Ihrer Seite, der das alles mitmacht? Haben Sie einen Wohnwagen oder ein Wohnmobil, um teure Übernachtungen zu umgehen? Sind Sie intellektuell so gut drauf, dass Sie sich diese Arbeit zutrauen? Und steht Ihre Familie zu Ihnen, können Sie also auf Wissbegierde und Unterstützung hoffen? Nur dann sollten Sie mit der Ahnenforschung beginnen. Die ist nämlich eine Hydra: Jeder abgeschlagene Kopf lässt zwei neue nachwachsen.

Aber wenn Sie das begeistert, wenn Sie fit im Kopf bleiben möchten, wenn Sie ein Herz für Historie haben und wenn Sie gerne wissen möchten, wo eigentlich Ihre Wurzeln sind: Ab auf Rente, und fangen Sie sofort mit der Ahnenforschung an! Das ist wirklich ein neues Lebenswerk.

Sie brauchen Jahre, um Ihre Weisheit weiterzugeben

40 Jahre Berufsleben, geschuftet bis zum Umfallen, Karriere gemacht, ausgebrannt und leer, Neustart hingelegt, das ganze Auf
und Ab, mindestens eine Ehe erlebt, Kinder großgezogen, Krankheiten getrotzt, Freunde gewonnen und verloren, die Welt gesehen,
die Heimat vermisst, an so manchem Grab gestanden, gelacht und
geweint, zu wenig geschlafen, Krisen gemeistert, fast dran zer-
brochen, doch wieder aufgestanden, durchgeboxt, den Falschen
vertraut, reingefallen, alles verloren, wieder neu begonnen, immer
neugierig gewesen, aus schlechten Erfahrungen mühsam gelernt,
viel getrunken, viel gelacht, viel geweint, Falten gekriegt, Wunden
auf der Seele, die Narben nie verheilt, oft gesündigt, wenig bereut:
Sie stehen immer noch und es geht Ihnen gut.

Wer, wenn nicht Sie, darf sich »weise« nennen? Und wollen Sie
Ihre Weisheit denn mit ins Grab nehmen?

Sie haben eine Aufgabe, von der Sie bisher vielleicht nur eine
leise Ahnung hatten. Sie war da, aber Sie haben nicht reagiert. Es
war so, als wenn Sie völlig in Gedanken an einer Ampel warteten,
und neben Ihnen hupte jemand. Sie hörten das wohl. Aber Sie
bezogen es nicht auf sich. Sie schauten auf die Ampel und warteten
auf Grün. Es hupte noch einmal. Natürlich hörten Sie auch das.
Aber Sie reagierten immer noch nicht.

Jetzt ist es so, als wenn Sie plötzlich hinschauen. Da sehen
Sie ein Auto, auf dem in großen Buchstaben steht: »GIB DEINE
WEISHEIT WEITER. JETZT.« Und plötzlich wissen Sie: Mensch,
der meint ja mich! Deshalb hat der die ganze Zeit so laut gehupt!

Das ist überhaupt der einzige Grund, warum Ihr langes müh-
sames Leben vielleicht doch nicht ganz umsonst gewesen sein
könnte: weil Sie in den zwei, drei oder maximal vier Jahrzehnten,
die Ihnen jetzt noch bleiben, Ihre Weisheit an die jüngeren Gene-

rationen weitergeben können, auf dass diese es eines Tages besser machen mögen als Sie und die anderen Vertreter Ihrer Generation.

Das ist zunächst einmal nicht mehr als ein frommer Wunsch. Wenn jede Generation imstande gewesen wäre, ihre eigenen Erfahrungen an die jeweils nächste mit dem erfreulichen Ergebnis weiterzugeben, dass diese heranwachsende Generation aus den Fehlern der vorigen lernt, hätten wir heute rein paradiesische Zustände; nirgendwo auf der Welt müsste mehr ein Kind an Hunger sterben, es gäbe keine Kriege mehr, die Menschen wären erheblich bessere Individuen als noch vor tausend Jahren, sie hätten mehr soziale Kompetenz, sie wären nett zueinander, die Reichen würden den Armen und die Starken würden den Schwachen helfen, niemand müsste aus Existenzangst seine Heimat verlassen, Fremde würden trotzdem herzlich willkommen geheißen, schon kleine Kinder würden die wahren Werte des Lebens kennen und die Kirchen wären sonntags voll.

Ist aber nicht so. Nie waren wir weiter vom Paradies entfernt als in diesem Jahrhundert. Nie starben mehr Kinder weltweit an Hunger. Nie gab es mehr Kriege als gerade jetzt. Nie verhielten sich die Menschen so unsozial und egozentrisch wie in unserer Zeit. Nie verließen mehr Menschen aus nackter Existenzangst ihre Heimat. Nie wurden die Grenzen zwischen Arm und Reich so brutal dicht gemacht. Nie lernten kleine Kinder weniger über Werte und ihre Bedeutung als heute. Und nie waren die Kirchen leerer.

Obendrein sind wir auch noch erstmals ganz nah dran, unsere eigene Erde unbewohnbar zu machen. Das gab es nun wirklich noch nie. Irgendwie klappt es also nicht mit der Weitergabe von gemachten Erfahrungen.

Aber wenn Sie es in den nächsten Jahren schaffen, dass nur ein einziges Kind auf dieser Welt mit großen Augen an Ihren Lippen hängt und sich die von Ihnen vermittelten Werte reinzieht, wenn es dafür auf jede noch so spannende Fernsehsendung verzichtet und einen Abend mit Oma und Opa auf dem Sofa allemal besser findet als eine Runde Computerspiel im Kinderzimmer. Wenn Sie es schaffen, dass auch nur ein einziges Kind auf dem Schulhof

Partei für ein schwächeres Kind ergreift. Wenn Sie mit viel Geduld und Liebe dem Kind eintrichtern können, dass der Mainstream nicht immer die bessere Entscheidung ist, sondern dass die wahren Helden schon immer gegen den Strom geschwommen sind, und wenn Sie dem Kind Mut machen können, seinen eigenen Weg zu gehen und sich von niemandem, auch von Ihnen nicht, hineinreden zu lassen: Dann haben Sie nicht umsonst gelebt. Dann hat es sich gelohnt. Dann können Sie eines fernen Tages vor Ihren himmlischen Richter hintreten und ihn gleich unterbrechen. »Lass uns nicht lange diskutieren«, sagen Sie dann. »Hier ist meine Lebensbilanz, da unten siehst du meinen Enkel, der ist gut geraten, das ist nicht zuletzt auch mein Verdienst, und jetzt zeige mir bitte meinen reservierten Platz.«

Als Handwerker sind Sie echt unschlagbar

»Ruf Opa an, der macht das schon«: In vielen jungen Familien ist das ein Standardsatz. Egal ob die Jalousie klemmt oder die Waschmaschine tropft, ob der neue Schrank von Ikea aufgebaut oder das Kinderbett auf den Dachboden gebracht werden muss – nur Rentner bringen das notwendige Maß an Geduld, Strategie und Sorgfalt mit, um solche Aufgaben hundertprozentig zu erfüllen. Zum einen liegt es natürlich daran, dass sie ganz einfach mehr Zeit haben als Berufstätige (daher ihre beneidenswerte Geduld). Zweitens sagt ihnen die Lebenserfahrung, dass die meisten technischen Schwierigkeiten im Haushalt entweder auf mangelndes Nachdenken oder aber auf übereilten Aktivismus zurückzuführen sind, oftmals kommt sogar beides zusammen (daher ihre kluge Strategie, zunächst einen Plan zu machen und erst dann zur Tat zu schreiten). Drittens haben sie die eiserne Regel des erfahrenen Heimwerkers verinnerlicht, an die sich junge Leute meistens nicht halten: Arbeite niemals, wirklich niemals mit dem falschen Werkzeug.

Da kann es schon mal passieren, dass Opa zunächst nur zur Inaugenscheinnahme des Problems erscheint, bedächtig mit dem Kopf wackelt, alsdann um Papier, Lineal und Stift bittet und sich zwecks Anfertigung einer Bauskizze sowie eines unverzichtbaren Strategieplans in eine stille Ecke zurückzieht. Nicht etwa, um danach das Problem zu lösen, nein: nur keine übereilte Hast! Er wird sich stattdessen verabschieden, um bei OBI, im Bauhaus oder beim Praktiker erst einmal das passende Werkzeug zu erstehen, obwohl diese Neuerwerbung für den technischen Laien verblüffende Ähnlichkeit mit Gerätschaften aufweist, die sich schon seit Jahrzehnten in seinem Besitz befinden. Nur Kenner bemerken den winzigen, möglicherweise jedoch entscheidenden Unterschied.

Bei der eigentlichen Lösung des Problems wird sich der rüstige Rentner, der heutzutage ja nur dem Lebensalter nach, keinesfalls jedoch nach den Kriterien der Fitness und der körperlichen Belast-barkeit zu den Senioren zählt, in kein Detail seiner Arbeit hinein-reden lassen. Auf jüngere Menschen wie zum Beispiel die eigenen Kinder, Schwiegersöhne und Ähnliche, die sein Treiben argwöh-nisch beobachten, wirkt er sogar extrem beratungsresistent, um nicht zu sagen: eigensinnig und störrisch. Aber dieser Eindruck ist falsch. Er entspricht nicht der Realität. Vielmehr ist es so, dass man mit demokratischer Kakofonie weder Kriege gewinnen noch Parteien zum Wahlerfolg führen noch Ikea-Schränke aufbauen kann. Je schwieriger das Projekt, desto weniger dürfen mitreden, denn sonst wird das nie was. Und *jedes* Projekt, das ein Rentner anpackt, *ist* schwierig. Es wäre sonst unter seinem Niveau.

Als Handwerker sind Sie als Rentner also durchaus gefragt, und auch dann, wenn Sie mit Handwerk Ihr ganzes Leben lang noch nie etwas zu tun hatten, können Sie jetzt Ihre bisher unentdeckten Qualitäten unter Beweis stellen. Hinzu kommt, dass immer mehr junge Familien nur noch ein begrenztes Haltbarkeitsdatum haben, also es gibt immer mehr allein erziehende Mütter im Kreis Ihrer Lieben, und denen fehlt natürlich sowieso ein Mann im Haus. »Richtige« Handwerker sind teuer. SIE machen das umsonst. Ihr Lohn ist, dass Sie endlich mal wieder so richtig bewundert werden. Und – ist das nicht der schönste Lohn von allen?

10. KAPITEL

Jetzt mal von Frau zu Frau

Dem Kerl geben wir jede Menge zu tun, sonst halten wir ihn nicht aus

Gestatten Sie dem Autor eine kleine Vorbemerkung: Sie werden sich vielleicht etwas darüber wundern, dass er in diesem Kapitel plötzlich als Frau auftaucht und von »uns Frauen« spricht. Nanu? Geschlechtsumwandlung, oder was?

Nein, natürlich nicht. Aber für dieses Kapitel (»Von Frau zu Frau«) hat der Autor Frauen seines Vertrauens (alle kurz vor Rentenalter) gebeten, eigene Texte zu schreiben. Die hat er dann für dieses Kapitel zusammengestellt und geringfügig überarbeitet, damit sie ins Buch hineinpassen. Es ist quasi so, dass die folgenden Gründe, sich auf die Rente zu freuen, von Frauen geschrieben worden sind. Der Autor hofft, dass das für Sie okay ist. Nun aber los: Dem Kerl geben wir … (siehe Überschrift).

Eine Horrorvorstellung ist es für die meisten von uns Frauen, dass der Kerl demnächst 24 Stunden täglich unseren Haushalt durcheinanderbringt, weil man nun ja gemeinsam auf Rente ist. An und für sich ist das überhaupt kein Grund, sich auf die Rente zu freuen. Da hatte man ein Leben lang den Laden allein im Griff, und plötzlich redet einem jemand konsequent rein? Das kann doch nur mit Mord und Totschlag enden.

Aber es gibt einen guten Trick, mal so unter uns, von Frau zu Frau: Man muss ihn so mit Arbeit abfüllen, dass er genauso viel beschäftigt ist wie bisher. Dann kann man sich gemeinsam auf noch viele schöne Jahre freuen.

Zum Beispiel kann man ihm nahebringen, dass der Keller dringend entrümpelt werden muss. Weil er ein Mann ist und Männer immer irgendwelche Pläne machen müssen, wird er zunächst einmal ein strategisches Konzept für die Kellerentrümpelung entwerfen (siehe vorigen Grund). Dann wird er das tun, worum Sie ihn schon seit Jahrzehnten bitten, nämlich im Keller für anständiges

Licht sorgen. Wenn das geschafft ist, wird er für mehrere Tage dort unten verschwinden und nur zu den Mahlzeiten auftauchen. Am Ende finden Sie im Keller drei Haufen vor, zu deren Besichtigung er Sie einladen wird: Der eine Haufen kommt auf jeden Fall weg, den zweiten möchte er gern behalten, und über den dritten dürfen Sie entscheiden.

Machen Sie jetzt nicht den Fehler, dass Sie etwas von Haufen 1 auf Haufen 3 umschichten. Sie würden seine Leistung dadurch schmälern. Er hat entschieden, und so soll es sein. Allenfalls können Sie heimlich, wenn er schläft, noch einmal in den Keller schleichen und das eine oder andere Teil von Haufen 1 auf Haufen 3 befördern. Das wird er nicht einmal merken. Aber wagen Sie es ja nicht, Haufen 1 in seiner Gegenwart zu zerpflücken! Dieser Hinweis ist jedoch wahrscheinlich überflüssig. Denn so gut weiß jede von uns über ihren Mann Bescheid, dass sie seine empfindlichen Stellen kennt.

Sobald er den Keller nun von allem Überflüssigen befreit hat (eine reine Arbeitsbeschaffungsmaßnahme, auch ABM genannt), brauchen Sie weitere ABMs für ihn. Nur dann können Sie sich auf Ihr eigenes Rentenalter freuen. Hier schon mal eine Auswahl (in Klammern die von Männern auf Rente benötigte Zeit; danach brauchen sie sofort einen neuen Auftrag):

Die Fahrradbremse quietscht (3 Stunden), es sind Schnecken im Beet (7 Jahre), das Küchenfenster ist undicht (5 Stunden), das Enkelkind soll in der Schule ein Referat halten und braucht Infos (2 Tage), das Bücherregal muss thematisch sortiert werden (4 Wochen), die Enkel wünschen sich einen Familienstammbaum (15 Jahre), nach dem Keller muss nun der Dachboden entrümpelt werden (2 Monate), man möchte ein Gewächshaus haben (2 Jahre), in dem Gewächshaus möchte man Tomaten, Zwiebeln, Rosmarin und Basilikum ernten (3 Jahre), aus den Kinderzimmern sollen Gäste- und Arbeitszimmer werden (pro Raum 1 Jahr), die Waschmaschine rumpelt so komisch (7 Stunden, anschließend 1 bezahlte Mechanikerstunde plus An- und Abfahrt), der Obstbaum muss fachkundig beschnitten werden (5 Jahre, inkl. Anschaffung diverser Fachliteratur), es sind Maulwürfe im Garten (unlimited), der Zaun muss gestrichen (4 Wochen) und die Regenrinne muss von alten Blättern befreit werden (7 Stunden), aus dem Rasen muss das Moos raus (6 Wochen), die Hecke muss geschnitten werden (3 Tage, inkl. Anschaffung der derzeit besten erhältlichen federleichten elektrischen Heckenschere, circa 700 Euro), aus den Äpfeln vom Baum könnte man Apfelschnaps machen (3 Jahre, inkl. der Anschaffung einer hochwertigen Destillationsanlage. Das kann unter Umständen blind machen, gehört aber zu den Lieblingsaufgaben eines Rentners), und so geht das immer weiter: Ein Transporter mit Selbstausbau zum Wohnmobil soll die teuren Hotelkosten im Urlaub reduzieren (17 Jahre), ein Boot muss hergerichtet werden (unlimited, hört ebenso wenig auf wie die Maulwurfplage), und man hätte gern einen neuen Briefkasten (4 Stunden und erhebliche Mehrkosten, weil er vom Baumarkt nicht nur den Briefkasten mitbringen wird).

Das einzig wirklich Wichtige ist, dass der Kerl auf Rente von morgens bis abends ausgelastet ist. Dann können wir Frauen uns so richtig auf die Rente freuen. Sonst – nicht so sehr.

Ab Rente haben WIR die Fernbedienung

Wir Frauen gewöhnen uns im Laufe einer Ehe an vieles, was wir früher (als wir jung und schön waren; jetzt sind wir nur noch schön) empört von uns gewiesen hätten. Die einen schwärmten immer von einem großen Schlanken und haben sich am Ende an einen kleinen Dicken gewöhnt. Die anderen wollten, als sie endlich mit der Ausbildung fertig waren, keinesfalls als Mutter versauern und freuen sich heute über fünf gesunde Enkel. Dann gibt es welche, die hielten am Ende der 60er Jahre Geld und Besitz für irgendetwas Schreckliches zwischen sittenwidrig und kriminell und können sich heute ein Leben ohne Zweitwagen und Doppelgarage gar nicht mehr vorstellen.

Ja, es stimmt: Man muss in einer Ehe Kompromisse machen. Dass ER all die Jahrzehnte die Fernbedienung umklammert und verbissen verteidigt hat und somit stets die Kontrolle übers Fernsehprogramm hatte, das ist einer der schwersten Kompromisse gewesen. Aber damit ist jetzt Schluss. Wir Frauen auf Rente haben ein Recht auf unser eigenes TV-Programm. Taucht nun der Kerl spätabends aus seinem Hobbykeller auf (oder unterbricht er eine der neuen Aufgaben, die ihn nun in Anspruch nehmen, siehe vorigen Grund), so wird er uns schon mit der Fernbedienung in der einen Hand und einem Prosecco in der anderen gemütlich vorm Fernseher sitzend vorfinden, denn er kommt einfach zu spät.

Wir Frauen auf Rente können naturgemäß viel zeitiger mit dem Fernsehen anfangen als früher, wo wir nach getaner Arbeit erst noch den ganzen Haushalt machen mussten. Das ist, mal von Frau zu Frau gesagt, unsere Chance! Wer zuerst kommt, der bestimmt das Programm.

Ein geradezu paradiesischer Zustand. Soll er sich doch von seiner Rente einen Zweitfernseher in den Hobbykeller stellen, wo er seine Lieblingssendungen alleine gucken kann! Lange wird er da nicht ausharren, denn er ist ja anhänglich und müsste sich dort unten sein Bierchen auch selber holen. Also wird er murrend in der Stube erscheinen und sich mit uns gemeinsam die wirklich wichtigen (also die herzergreifenden, die zu Tränen rührenden, die lebensnahen, die echten, aus dem Leben gegriffenen) Serien angucken. Hin und wieder gibt es auch mal etwas Informatives, zum Beispiel gucken wir ja manchmal ganz gern auf Phoenix, wie die Frau im alten Ägypten mit denselben Problemen zu kämpfen hatte wie wir heutzutage, und auch die Klassiker wie »Tatort«, »Supertalent« oder DSDS gucken wir gern mit ihm zusammen. Bei den Vorabend- und Nachmittagsserien allerdings ist er nun zu Kompromissen verpflichtet, aber mal ganz ehrlich: Das geschieht ihm doch recht. Entweder guckt er mit, oder er verschwindet wieder im Keller. Alle Macht den Frauen, vor allem aber die Macht über die Fernbedienung!

Er bringt uns das Frühstück ans Bett

All die Jahre hat er es schlichtweg verweigert. Und jetzt macht er es plötzlich. Hätten Sie geahnt, wie liebe- und fantasievoll Ihr Mann Frühstück machen und auf einem Tablett servieren kann? Er ist dazu nicht nur in der Lage, sondern er macht es jetzt auf Rente sogar gern! Er drängt es Ihnen quasi auf!

Viele Männer, die ihr Leben lang im Haushalt keinen Finger krumm gemacht haben, entdecken als Rentner plötzlich ihre kulinarischen und dekorativen Fähigkeiten und sind dabei total glücklich. Das Frühstück-im-Bett-Servieren gehört ganz zweifellos dazu. Machen Sie sich deshalb darauf gefasst, dass Sie künftig wie die Prinzessin auf der Erbse auf Ihren Kissen thronen werden, vor sich ein Tablett mit Beinen (das er natürlich extra dafür angeschafft oder womöglich sogar gezimmert hat), O-Saft (frisch gepresst, darunter macht er's nicht), Ihr Lieblingstee, frische Brötchen (hat er vom Bäcker geholt, während Sie noch schliefen), allerlei Aufschnitt und Käse, ein Actimel für die Widerstandskräfte, Fruchtjoghurt und alles, was sonst noch zu einem luxuriösen Frühstück gehört, vielleicht sogar mit einem Piccolo. Das machen die Männer gern, wenn sie erst einmal auf Rente sind.

Warum sie das nicht schon längst gemacht haben, sondern sich immer von uns Frauen haben bedienen lassen, das ist eine interessante Frage. Sie hängt direkt mit den zahlreichen Problemen zusammen, die ein Mann auf Rente nun einmal hat.

Männer brauchen immer ein Ziel. Darauf stürmen sie los wie ein Nashorn. Sie kennen keine Umwege und keinen Kompromiss. Ist das Ziel erreicht, suchen sie sich ein neues, stürmen darauf los usw. Ihr Leben lang hatten sie immer irgendein Ziel vor Augen und haben alles links und rechts davon vernachlässigt. Deshalb waren sie ja manchmal so schlechte Ehepartner und bisweilen auch kaum erträglich!

Auf Rente aber ist dem Mann sein Ziel flöten gegangen. Er hat keines mehr vor Augen. Er kann sich jetzt entweder ins tiefe Loch der Depression fallen lassen, wird dann blitzschnell altern und früh dahinsiechen, oder er wird sich ein Ersatzziel suchen. Sehen Sie: Das ist eines der Probleme, die ein Mann auf Rente hat. Und wenn er Sie jetzt bemuttert, dann ist er dabei, es zu lösen: SIE sind sein neues Ziel. Das ist schön! Das dürfen Sie genießen! Darauf können Sie sich freuen!

Viele Männer – das ist jetzt Grund 2 – haben Ihnen gegenüber ein schlechtes Gewissen. Es ist ihnen durchaus irgendwie bewusst, dass sie ihre Ehe all die Jahre eher nebenbei betrieben haben. Sie waren ja mit ihrem Job beschäftigt (das Nashorn, genau). Jetzt möchten sie gerne etwas Wiedergutmachung betreiben. Außerdem sind sie daran interessiert, dass tagsüber gut Wetter herrscht. Männer mögen es nicht, wenn wir Frauen maulig sind. Und nun sind sie ja erstmals ganztags zu Hause. Auch darum machen sie plötzlich Frühstück.

Grund 3, warum Männer auf Rente plötzlich das Frühstück für sich entdecken, hat mit Sex zu tun. Das wird Sie vielleicht verwundern. Aber es ist so: Natürlich fragt sich der Kerl, warum er heute eigentlich nicht mehr so viel Lust auf Sex wie früher hat. Auch wenn er nicht gern darüber spricht, es beschäftigt ihn dennoch. Er möchte gern mehr und öfter, weil es seinem Ego schmeicheln würde. Aber irgendwie ist alles zu eingefahren. Deshalb versucht er nun, ungewöhnliche erotisierende Situationen herzustellen. Zum Beispiel das Frühstück im Bett, aus dem ja durchaus mehr werden könnte. Der Mann macht uns Frauen also nicht ohne Hintergedanken hin und wieder Frühstück im Bett. Ist das nicht auch ein Grund, sich auf die Rente zu freuen?

Wir tragen die Rente zur Kosmetik

Frauen gönnen sich viel zu selten einen Termin bei der Kosmetik. Das trifft nun wirklich auf alle zu. Egal, ob sie jung sind oder älter, ob sie bei Aldi an der Kasse sitzen oder beim großen Konzern im Vorstand: Sie bereuen es irgendwann, dass sie zu selten bei der Kosmetik gewesen sind. Ist man jung, fehlt die Zeit. Ist man älter, hat man erst recht keine mehr. Und dann tut es einem leid. Jeden Morgen schaut man in den Spiegel und denkt: Hättest du mal. Aber es nützt ja nix. Vergangen, vergessen, vorbei. Man hat's halt nicht gemacht. Und der Spiegel zeigt einem jetzt die Antwort. Das ist nicht wiedergutzumachen. Das wird nicht mehr so, wie es einmal war. Nie mehr. O je. Tragisch. Bedenklich. Traurig. Ist da noch etwas zu retten?

Ganz ehrlich: So viel ist da nicht mehr zu retten. Aber einiges doch. Und das werden wir jetzt in die Wege leiten. Wir tragen unsere Rente zur Kosmetik!

Wir sehen sie in den Illustrierten und im Fernsehen: Frauen, die älter werden und dennoch niemals zu altern scheinen. Iris Berben zum Beispiel. Sie ist schon über 60 und sieht immer noch aus wie etwas über 40. Nun hat eine Frau wie die Berben wahrscheinlich mehr Möglichkeiten als unsereins, sich zu pflegen; denn gutes Aussehen gehört quasi zu ihrem Job. Also sind Kosmetik, Fitness und all das quasi Bestandteil ihres Arbeitsvertrages. Gehen Sie mal zu Ihrem Chef und sagen: »Hey Boss, heute bin ich nur sieben Stunden im Büro, denn ich habe einen Kosmetiktermin, und das mache ich natürlich auf Ihre Kosten und innerhalb der Arbeitszeit!« Der würde Ihnen was husten. Außerdem können wir davon ausgehen, dass die Berben nicht so auf die Kohle gucken muss wie unsereins. Da ist schon mal eine Kosmetik mehr drin.

Aber ist ja auch egal, wie das bei den Prominenten läuft. Wir sind wir, und jetzt gehen wir auch zur Kosmetik. Viel bringt das vielleicht gar nicht, aber wir fühlen uns wohl dabei. Und es ist schön, wenn wir mal ganz entspannt die Seele baumeln lassen können und sich jemand um unsere Haut kümmert. Das tut gut, das haben wir uns verdient, und das machen wir jetzt einfach. Regelmäßig und auch gegen den Protest vom eigenen Mann! Der hat jetzt, ehrlich gesagt, nicht mehr so viel zu sagen wie früher.

Einmal im Monat Friseur muss jetzt einfach drin sein

Auf Rente brechen für Sie goldene Zeiten an. Allerdings nur dann, wenn Sie sich durchsetzen können und eine gesunde Portion Egoismus entwickeln. Aber daran wird es bei Ihnen ja nicht scheitern. »Eine neue Frisur ist wie ein neues Leben«, sagt man. Sie werden sich pflegen, stundenlang unter der Haube sitzen, ein Schwätzchen halten, den neuesten Klatsch aus der Nachbarschaft erfahren, sich die Fingernägel machen lassen, in Illustrierten blättern (»Gala«? »LandLust«? »Maxi«? Oder doch lieber die »Petra«? Was hätten Sie denn gern?) und einen Kaffee dabei trinken. Keinesfalls wollen Sie so aussehen wie alle anderen Frauen in Ihrem Alter, nämlich die Haare kurz und grau. Da geht doch noch was! Da ist doch noch mehr drin! So alt sind Sie ja nun wirklich noch nicht! Wer sagt denn, dass alle Frauen auf Rente dieselbe Frisur haben müssen? Ja, sind wir denn schon im Altenheim?

Nein, das sind wir nicht, sondern wir jung gebliebenen Frauen auf Rente experimentieren mit Farben, Schnitten, Locken, Wellen und Strähnchen. Einmal im Monat Friseur, das muss jetzt locker drin sein!

Aber es gibt eine kleine Einschränkung. Denn die richtige Frisur für die nächsten Jahre zu finden, das ist gar nicht so einfach. Da muss man schon mehrere Friseure ausprobieren, bis einer genau den richtigen Mix aus »immer noch jung« und »etwas reifer geworden« ins Haar zaubert. Man will die neue Frisur ja täglich tragen können. Bequem soll sie sein und leicht zu pflegen. Die Haare dürfen nicht zu lang sein, weil sich das mit dem neuen Image nicht so gut verträgt. Zu kurz aber auch nicht, denn so tragen sie die meisten (siehe oben). Die Frau auf Rente probiert vieles aus und – am Ende schneidet sie doch die Haare ab. Ist wohl so …

Der wahre Segen des regelmäßigen Friseurbesuches ist aber nicht die neue Frisur, sondern das sich dabei automatisch einstellende Luxusgefühl. Endlich einmal bedient zu werden ist den meisten Frauen die halbe Rente wert.

Beim Weiberabend darf er allein in die Kneipe, ansonsten gehen wir mit

Auf Rente ändert sich alles. Das werden Sie schnell feststellen. Viele alte Gewohnheiten kommen auf den Prüfstand. Von manch einem alten Zopf wird man sich freiwillig trennen oder man muss sich trennen. Es ist so, als wenn man von einer vollen Festplatte alle Programme entfernt, die man irgendwann einmal installiert, aber eigentlich niemals gebraucht hat. Nebenbei: Manch einer nutzt die Gelegenheit und holt sich gleich einen neuen Computer, anstatt nur die Festplatte des alten leer zu räumen! Aber das wollen wir lieber nicht auf zwischenmenschliche Beziehungen übertragen.

Es ändert sich auch das Freizeitverhalten, denn freie Zeit hat man jetzt viel mehr als früher. Jedenfalls kann man sie sich besser einteilen. Es ist jetzt völlig egal, wann Sie ins Bett finden. Sie sitzen mit guten Freunden abends in einer Kneipe, und es gibt überhaupt keinen Grund, schon nach Hause zu gehen. »Wir sind alle über 40 ...«, dröhnt es aus den Boxen. Sie sind schon ein bisschen angeheitert, und plötzlich finden Sie sich auf dem Tisch wieder. Da tanzen Sie mit anderen Frauen. Die Kerle bleiben unten, weil sie nicht so spontan sind. Hier oben aber, hier tobt das Leben! Noch nie haben Sie sich so gehen lassen. Noch nie waren Sie so ausgelassen. Das ist schön, das macht Spaß. Morgen früh können Sie ausschlafen. Es treibt Sie niemand nach Hause, wirklich niemand. Feiern Sie, bis der Arzt kommt! Sie sind jetzt auf Rente, und notfalls schlafen Sie morgen bis in die Puppen. Ist doch egal ...

Ihr Mann hat vielleicht in der ganzen Ehe immer seine kleinen Geheimnisse gehabt. Die ganzen Abende mit seinen Kumpels. Die vielen Nächte, wo er am Ende ziemlich angeschickert nach Hause gekommen ist, als Sie schon längst geschlafen haben. Das ist alles Vergangenheit, denn jetzt sind Sie mittendrin! Natürlich gehen Sie mit! Auf Rente gibt es keine »Herrenabende« mehr. Sondern

Sie sind dabei, mittendrin im prallen Leben. Es gibt nur einen Tag in der Woche, an dem Sie ohne ihn ausgehen, und das ist der »Weiberabend«. Da hat er nun wirklich nichts verloren. Da gehen Sie alleine hin. Dann darf er auch alleine losziehen, oder er kümmert sich derweil um die Enkel. Auf jeden Fall kommen jetzt bessere Zeiten. Ein echter Grund, sich auf die Rente zu freuen!

Vom Segen des Kaffeekränzchens

Das ist ja so ein ganz altertümlicher Begriff, den man eigentlich gar nicht mehr in den Mund nehmen möchte. Seine Aktualität hat er trotzdem nicht verloren. Denn das »Kaffeekränzchen« ist nichts anderes als ein regelmäßiges Treffen von gereiften Frauen, die sich eine Menge zu erzählen haben, und das ist hochaktuell! Das hat man sich doch schon das ganze Leben gewünscht! Jetzt ist es machbar, weil man ja nicht mehr berufstätig ist. Einfach nur zusammensitzen, reden, lästern, schnacken (wie die Hamburger sagen), sich gegenseitig beäugen, schlechten Geschmack feststellen, trotzdem ein hübsches Kompliment machen, gemeinsame Bekannte durchhecheln, Rezepte austauschen, über Männer ablästern, Stückchen Torte probieren, sich etwas zieren und dann doch alles wegfuttern, Neuigkeiten erfahren, wilde Geschichten weitertratschen (»Nein! Echt? Das ist doch nicht dein Ernst …«), die neuesten Gerüchte hören, ein Likörchen schnabbeln, die Einrichtung abscannen, gute Ideen davon klauen und schlechte insgeheim vernichtend beurteilen, natürlich trotzdem alles loben, jeder weiß natürlich, wie man das meint, hin und wieder auch etwas bissig werden, »Sex and the City« lässt grüßen, wir haben uns alle so wahnsinnig lieb, und wir sind uns alle so wahnsinnig spinnefeind, ach wie ist das schön: das pralle Leben! Ein Kaffeekränzchen ist echt eine Bereicherung. Und wenn Sie bisher nicht die Zeit hatten, eines ins Leben zu rufen oder sich in eines einzuklinken, dann warten Sie mal auf die Rente. Dann haben Sie Zeit. Dann können Sie das machen. Es ist jedes Mal ein Highlight, darauf können Sie sich jetzt schon freuen.

Wellness-Hotel, ich komme

Auf Rente haben Sie das Recht (sogar die Pflicht!), Ihren Körper richtig zu verwöhnen. Nichts und niemand kann Sie mehr daran hindern. Wann denn, wenn nicht jetzt? Also gönnen Sie sich mindestens zweimal im Jahr, vorzugsweise in der trüben Jahreszeit, ein tolles Wellness-Wochenende in einem schicken Hotel. Wie schick, das hängt natürlich von der Höhe Ihrer Rente bzw. davon ab, wie fett Ihr Sparbuch ist. Jetzt sparen Sie mal nicht mehr für später, denn später ist jetzt! Und die Enkel werden es Ihnen auch nur kurzfristig danken, wenn Sie denen alles hinterlassen. Ran ans Ersparte, jetzt ist Genuss angesagt!

Viele Frauen haben einen Freundinnenkreis, in dem sie um Geld spielen. Die Gewinne werden alle aufgehoben, und davon bezahlen sie einmal im Jahr ihr Wellness-Weekend. Immer ein absolutes Highlight!

Sie nun also auch. Ab zur Wellness. Erst einmal überlegen Sie, WAS Sie sich gerne gönnen möchten. Dann, MIT WEM Sie drei Tage am liebsten in dem Hotel wären (natürlich können Sie Ihren Mann mitnehmen; witziger ist es meistens mit den zwei oder drei besten Freundinnen), und dann kommt die Frage, WO Sie gerne hin möchten. Sollte schon was Nettes sein! Vielleicht an die See? In die Berge? Aber dazwischen gibt es natürlich auch viel Schönes zu sehen, und den ganzen Tag verbringt man ja nicht mit Anwendungen. Nein, zwei oder drei am Tag reichen vollkommen aus.

Schön ist es natürlich, wenn die Anwendungen direkt im Hotel zu haben sind. Ein Pool ist Pflicht, mindestens eine Sauna sollte vorhanden sein, es gibt Massagen, Schlammbäder, Pediküre, Maniküre ... Der Vorteil ist, dass Sie sich nicht erst zurechtmachen müssen, sondern quasi das ganze Programm im Bademantel genießen können. Aber natürlich sind Hotels mit einem breit gefächerten Wellness-Angebot teurer als andere. Übrigens müssen Sie vorsichtig sein bei der Auswahl des Hotels: Wellness ist kein geschützter Begriff, und ein winziges Loch mit einem Hometrainer drin und einer Sonnenbank daneben ist natürlich noch keine Wellness-Oase. Mal »Wellness« und den Ort, wo man hinmöchte, bei Google eingeben, das bringt schon mal eine Menge Anregungen. Noch besser ist es aber, wenn man jemanden kennt, der jemanden kennt, der schon mal dort gewesen und voll des Lobes ist!

Schon die Anreise ist ein Genuss. Sobald man im ICE sitzt, hat man den Alltag vergessen. Ein Gläschen Sekt im Speisewagen, ein gutes Buch lesen und vor sich hin träumen: So vergeht die Zeit ziemlich schnell. Draußen fliegt die Landschaft vorbei, und man freut sich auf drei entspannte Tage (die genügen übrigens vollkommen). Ab in die Taxe, das Zimmer beziehen und erst einmal die Gegend erkunden. Dann natürlich schick essen gehen (müssen Sie in Ihren Etat unbedingt reichlich einplanen), noch einen Absacker an der Hotelbar und – selig einschlafen. Das ist doch ein ganz neues Lebensgefühl, wenn man sich endlich einmal richtig verwöhnen lässt!

Nach dem hoffentlich exzellenten Frühstück am nächsten Morgen geht es dann gleich zur ersten Anwendung. Die (im Optimalfall nicht nur angelernte, sondern wirklich ausgebildete) Kosmetikerin – auch danach sollten Sie vorher fragen – wird Ihnen erst einmal eine Typberatung zukommen lassen. Was ist für Ihren Hauttyp das Beste? Welche Körperzonen haben Sie in den letzten Jahren etwas vernachlässigt? Vielleicht bringt Sie Ihnen auch schonend bei, dass Ihre Frisur nicht optimal für Sie, andererseits jedoch ein Friseur im Hause ist. Klar: Man wird Ihnen auf jeden Fall in diesen drei Tagen mehr Geld entlocken, als Sie ursprünglich ausgeben wollten. Na und? So oft gönnen Sie sich dieses Vergnügen ja wirklich nicht!

Wenn Sie dann entspannt im duftenden Bad liegen oder sich massieren lassen, dann werden Sie sich zu Recht fragen, warum Sie nicht schon längst mindestens ein Wellness-Wochenende pro Jahr für sich eingeplant bzw. gefordert haben. Immer waren Sie doch für andere da, haben sich aufgerieben für die Familie und an sich selbst zuletzt gedacht. Das ist nun vorbei.

Grund Nr. 95

Je mehr Freiraum für jeden, desto besser die Ehe

Sie müssen es richtig anstellen, wenn Ihre Ehe in den Jahrzehnten ab der Rente für beide gut laufen soll. Einfach so weitermachen wie bisher ist vielleicht nicht die allerbeste Idee. Jetzt sind ja die Lebensumstände ganz anders, und deshalb müssen Sie Ihre Strategie ändern. Die vielleicht wichtigste Regel von allen lautet: Sie beide, also Ihr Mann und Sie, dürfen nicht ständig wie Kletten aneinanderhängen. Jeder braucht jetzt seinen Freiraum. Ein Zimmer nur für sich, ein eigenes Hobby, einen eigenen Freundeskreis oder was auch immer. Bloß nicht Tag und Nacht aufeinanderhocken!

Neulich habe ich mich mit einer 80-Jährigen unterhalten, die mir vom Leben mit ihrem Mann vorschwärmte (die beiden sind schon 60 Jahre verheiratet). Als ich sie fragte, was das Geheimnis ihrer glücklichen Beziehung sei, sagte sie: »Junger Mann, jeder von uns hat immer sein eigenes Leben geführt und war nie vom anderen abhängig. Das ist ganz wichtig, verstehen Sie?«

SIE hat ihre Skat-Gruppe (immer mittwochs). Dann geht ER in sein Stammlokal und hält am Tresen bedeutende politische Vorträge. ER hat freitagvormittags sein Golfen, dann geht SIE mit ihren Freundinnen shoppen. Sonntags spielt ER mit seinem Enkel Schach, und SIE zieht sich dann in ihr Zimmer zurück. Das sind die »festen« Termine, nach denen man seit Jahren die Uhr stellen kann. Hin und wieder kommt mal etwas Unvorhergesehenes dazwischen; so geht SIE zum Beispiel gern in die Oper, und ER ist nur ein paar Mal widerwillig mitgegangen: Jetzt bleibt er gleich zu Hause, und sie geht mit ihrer Schwiegertochter hin. Ansonsten machen die beiden noch sehr viel zusammen, verreisen zweimal im Jahr, sind im Winter ohnehin auf Teneriffa, reden extrem viel miteinander und nehmen grundsätzlich die Mahlzeiten so oft wie möglich gemeinsam ein. Aber das ist kein Zwang. »Ich würde meinen Mann gar nicht ertragen, wenn ich ihn 24 Stunden täglich um mich hätte«, lachte die alte Dame und nahm ihren Mann liebevoll in den Arm.

So glücklich miteinander alt zu werden, das erfordert ein wenig Planung! Das erlebt man nicht ohne eine gewisse Strategie! Das ist so schön am neuen Lebensabschnitt, der mit der Rente beginnt: dass man nun einen realen Grund hat, alte Zöpfe abzuschneiden, zu ändern, was einem nicht so gefallen hat in den letzten Jahrzehnten, und einen echten Neustart zu machen. Mit der Rente kann sich das ganze Leben ändern, in eine sehr, sehr positive Richtung.

ER darf dieselben Geschichten jetzt getrost hundertmal erzählen

Das wird Ihren Mann freuen: Auf Rente werden wir Frauen viel gelassener und entspannter. Wir regen uns nicht mehr so schnell auf. Der Alltag nervt uns nicht mehr so wie früher, weil es keinen Alltag mehr gibt. Jetzt auf Rente ist jeder Tag ein Sonntag!

Na ja: Das stimmt nur bedingt. Es stimmt nämlich nur dann, wenn wir aus jedem Tag einen Sonntag *machen*. Was bedeutet das? Wie schafft man das?

1. Möglichst noch vor der Rente eine Liste machen und alles aufschreiben, was man sich für die nächsten Jahre vorgenommen hat! 2. Auf eine zweite Liste kommen die vielen unbestreitbaren Vorteile des Rentnerlebens! 3. Nehmen Sie sich fest vor, jeden Tag irgendetwas nur für sich selbst zu tun, schreiben Sie das am Vorabend auf einen Zettel und kleben Sie ihn an den Badezimmerspiegel (zum Beispiel »Shoppen«, »Kosmetik« oder »Sonnenbank«)! 4. Nehmen Sie sich genauso viel Zeit für sich selbst, wie Ihr Mann für sich beansprucht! 5. Spannen Sie ihn gnadenlos in die Hausarbeit mit ein – mäkeln Sie aber möglichst wenig herum, wenn er sie Ihrer Meinung nach nicht gut genug erledigt! 6. Erfinden Sie das »Highlight der Woche« für Sie beide: irgendein möglichst unvergessliches Ereignis, das Sie sich gönnen, und legen Sie ein »Highlight-Album« an, in dem nach einem Jahr 52 Highlights nachzulesen sind (zum Beispiel mit Kino- oder Theaterkarten, Erinnerungsfotos usw.)! 7. Machen Sie sich internetfit, wenn Sie's noch nicht sind, melden Sie sich in einem Social Network an (zum Beispiel Facebook), bitten Sie Nachbarn, Freunde, Bekannte, Kinder, Enkel und andere Verwandte, es Ihnen gleichzutun, und bilden Sie ihren eigenen »Freundeskreis«, mit dem Sie täglich Alltagserlebnisse und andere Nachrichten austauschen! 8. Suchen Sie sich ein Hobby, bei dem Sie etwas lernen können und das Ihre

grauen Zellen beansprucht! 9. Arbeiten Sie niemals länger als eine halbe Stunde am Stück, ohne eine Fünf-Minuten-Pause einzulegen! 10. Gehen Sie mal wieder in eine Kirche, auch wenn Sie gar nicht gläubig sind, denn nichts tut der Seele so gut wie die gelassene Abgehobenheit eines stillen Kirchenschiffes. Da kommt man schnell heraus aus dem eigenen Trott, sieht die Dinge nicht mehr so verbissen und begreift, wie unwichtig die eigenen Sorgen manchmal sind. Ein Pfarrer sagte neulich zu mir: »Jeder von uns hat tausend Wünsche. Was meinen Sie, wie viele Wünsche ein Krebskranker hat? Genau: nur einen. Er möchte wieder ganz gesund sein.« Ein schlichter Satz, eine Binsenweisheit, aber ein sehr interessanter Gedanke, über den man lange nachdenken kann und der einen recht demütig stimmt. So etwas bekommt man in der Kirche gratis.

Wenn Sie gelassener und entspannter sind als früher, so wie bereits geschildert, dann wird Ihr Mann das ganz konkret merken. Zum Beispiel erzählt er Ihnen ja so gerne Geschichten von früher, als er noch ein Held gewesen ist. Diese Geschichten kennen Sie natürlich schon aus dem Effeff. Sie können alles original mitsprechen. Haben Sie ihn nicht schon oft genervt unterbrochen, so nach dem Motto: »Das hast du mir schon hundertmal erzählt«?

Die Rente bringt es einfach mit sich, dass Sie so etwas Gemeines nicht mehr zu ihm sagen. Plötzlich sind Sie imstande, seine Geschichten ein ums andere Mal wieder anzuhören. Sie machen sich natürlich Ihre Gedanken dabei, aber so richtig böse können Sie ihm nicht sein. »Erzähl doch mal! Wie war das damals genau?« Und er lächelt so glücklich und stolz und erzählt alles noch einmal von vorn. Zum hundertundersten Mal vielleicht. Aber jetzt haben Sie endlich die notwendige Geduld, um eine wirklich gute Zuhörerin zu sein. Er wird es Ihnen danken.

Wir Frauen leben sowieso länger

Das ist statistisch erwiesen. Gut zwei Jahre überleben wir Frauen unsere Männer. Im Schnitt. Also ist die Wahrscheinlichkeit relativ hoch, dass Sie Ihren Mann sogar noch einige Jahre länger überleben werden. Vielleicht sind Sie ja jünger als Ihr Mann, dann sowieso. Sonst aber auch. Männer leben ja ziemlich ungesund. Sie achten nicht so auf die Signale ihres Körpers, sie gehen ungern zum Arzt, viele rauchen sogar noch (zum Glück sind es heute viel weniger als noch vor zehn Jahren), Alkohol trinken Männer auch mehr als Frauen, Übergewicht, Bluthochdruck, Zucker – das alles sind Krankheiten, die Männer häufiger treffen als Frauen. Das ist bedauerlich. Aber Sie als Frau müssen sich trotzdem irgendwie mit der Vorstellung abfinden, dass Sie vermutlich einige Jahre mehr zur Verfügung haben werden als Ihr Mann.

Daraus kann man mehrere Konsequenzen und Schlüsse ziehen. Erstens sollten Sie möglichst nett zu ihm sein, weil es Ihnen sonst später leidtun könnte. Zweitens sollten Sie die verbleibenden Jahrzehnte mit ihm möglichst intensiv genießen. Drittens wäre es gut, wenn Sie nach seinem Dahinscheiden nicht in ein tiefes seelisches Loch fallen würden, deshalb müssen Sie Ihr Rentenleben von Anfang an selbst gestalten und ausfüllen, statt alles unter seiner Führung geschehen zu lassen. Viertens ist es weitblickend von Ihnen, wenn Sie sich (falls noch nicht geschehen) spätestens jetzt Einblick in die wirtschaftlichen Verhältnisse verschaffen. Und fünftens wäre es sinnvoll, wenn Sie sich frühzeitig etwas für später auf die hohe Kante legen.

Und eines Tages werden wir ihn sehr vermissen

Diese zum Teil sehr handfesten (aber nützlichen) Ratschläge für ein gut funktionierendes Leben als Rentnerin werden uns Frauen natürlich nicht daran hindern, unsere Männer – wenn sie denn tatsächlich früher abberufen werden als wir – eines fernen Tages bitterlich zu vermissen. Aber auch für diese anfangs sehr schwere und scheinbar unerträgliche Zeit gibt es Selbsthilfe und probate Mittel, um in der Trauer nicht ganz zu versinken (die hier genannten probaten Mittel beruhen auf den Schilderungen von Frauen, die es erlebt und durchgestanden haben) – es ist quasi das »Witwentröster-ABC«:

A wie Ablenkung. B wie Beschäftigung. C wie Christliche Überzeugung, also der Glaube an ein Wiedersehen in einer anderen Welt. D wie Durchhalten. E wie Einladungen annehmen. F wie Freunde finden. G wie Gutes tun, also zum Beispiel soziales Engagement. H wie Hilfe annehmen, sich also jemandem mit all der eigenen Verzweiflung anvertrauen. I wie Ideen für die eigene Zukunft entwickeln. J wie Ja sagen zum eigenen Schicksal, es annehmen und und nicht länger mit ihm hadern. K wie Kinder besuchen. L wie Lernen, und zwar jeden Tag ein bisschen. M wie Mitmachen, egal wobei: Tanzkurs, Volkshochschule ... N wie Nein sagen zu allem, was einen runterzieht, zum Beispiel Selbstmitleid. O wie Offen sein für neue Bekanntschaften, Freundschaften, Partnerschaften oder Beziehungen. P wie Putzen, und zwar das ganze Haus von oben bis unten. Q wie Qualitäten entdecken, also zum Beispiel Malen lernen oder eine fremde Sprache. R wie Reisen. S wie Selbstdisziplin. T wie Trauer zulassen, anstatt sie zu unterdrücken. U wie Urlaub machen. V wie Verwandte besuchen. W wie Weinen, wann immer einem danach ist. XY wie ... Hier können Sie selbst eintragen, was Ihnen wichtig ist. Und Z wie Zukunft. Nach vorn schauen. Und das Beste draus machen.

11. KAPITEL

Für alle, die jetzt immer noch dem Job nachtrauern

Ihr Platz ist längst besetzt

Fürs letzte Kapitel war der Autor in die Haut einer Frau geschlüpft, weil die Inhalte ausschließlich von Frauen zusammengetragen und von ihm nur aufgeschrieben wurden; jetzt reicht's aber mit dem Ausflug in die Damenwelt und ab sofort ist der Autor wieder ein Mann. Das bedeutet natürlich nicht, dass sich die Frauen jetzt ausklinken sollen.

Es ist erstaunlich, dass sich die meisten Menschen für unersetzlich halten, denn kaum sind sie weg, macht ein anderer ihren Job, und die Firma merkt es nicht einmal. So ist es natürlich auch mit Ihnen. Sie jedoch sind ein ziemlich beratungsresistenter Mensch, denn sonst würden Sie dieses Kapitel mit der Überschrift »Für alle, die jetzt immer noch dem Job nachtrauern« gar nicht lesen.

Sie trauern Ihrem Job tatsächlich immer noch hinterher, obwohl Sie heilfroh darüber sein sollten, dass Ihr Hausausweis nicht mehr gültig ist? Wachen Sie auf! Natürlich waren Sie der / die Beste in Ihrem Job. Aber darum geht es gar nicht. Sie sind ein Fossil, ein Dino, ein Verfechter der alten Thesen, ein Zeitzeuge vergangener Epochen, und damit sind Sie ein Störenfried in der schönen neuen Welt. SO müssen Sie das sehen. »Ein jedes Ding hat seine Zeit«[15], und Ihre Zeit ist eindeutig abgelaufen. Sie gehören einfach nicht mehr dazu. Zwei Beispiele.

Haben Sie in einer kleinen Klitsche gearbeitet? Dann waren Sie vermutlich in den letzten Jahren derjenige, der am meisten Zeit mit den Kunden verplempert hat; die Chefs mögen so etwas heutzutage gar nicht gern.

Sie waren noch von der alten Schule und hatten so veraltete Sprüche wie »Der Kunde ist König« drauf. Raus mit Ihnen, ab auf die Parkbank! Heute muss es zack, zack gehen. Da ist keine

---

15 *Buch Salomo, 3. Kapitel*

Zeit mehr für eine anständige Kundenberatung oder gar für ein Schwätzchen. Es zählen die Zahlen. Und wem das nicht passt, der hätte längst schon gehen sollen.

Oder waren Sie für einen Riesenkonzern tätig? Da weht jetzt auch ein anderer Wind, und für Sie bläst er von vorn. Allein schon deshalb, weil Ihnen so manche Entscheidung von oben gelinde gesagt etwas weltfremd und praxisfern vorkommt, und weil sie natürlich auch dumm genug waren, das laut hinauszuposaunen. Ein Konzern mit Milliardenumsatz und großen Zweigstellen in 14 deutschen Metropolen hatte früher in jeder Zweigstelle das »Kundentelefon«, wo man anrufen konnte und die Produkte erklärt bekam. Die Kunden aus Bayern riefen in München an, die aus Franken in Nürnberg, die aus Hessen in Wiesbaden usw. Den neuen Chefs in der Frankfurter Zentrale gefiel das nicht, denn »outsourcen« ist das Stichwort, »zentralisieren« und »optimieren« ist in, »Reibungsverluste« müssen minimiert werden und wenn die Chefs meinen: »Wir reißen alles Bewährte ein, denn wir wissen alles besser«, dann sagen sie: »Es darf keine Tabus mehr geben.« (Kommt Ihnen ziemlich bekannt vor, oder?) Also haben sie die Kundenberatung vor Ort eingestellt, nach Frankfurt an der Oder outgesourct und ein Formular entwickelt, wo die Callcenter-Leute alles eintragen sollen, auf dass es an die zuständigen Fachleute weitergeleitet werde. Rund um die Uhr! 24 Stunden! Megakundenfreundlich!

Eine super Idee. Vor allem aber billiger. Mit folgendem Ergebnis: Kunde Meier aus Hamburg-Barmbek ruft an und will wissen, wie er an einen Servicemann rankommt. Callcenter: »Sagen Sie mir bitte Ihren Wohnort.« Meier: »Barmbek.« Callcenter: »Wie schreibt man das?« Meier (buchstabiert stirnrunzelnd). Callcenter: »Bei welcher Stadt liegt das?« Meier: »Hä?« Callcenter: »Nennen Sie die nächste größere Stadt.« Meier: »Wie jetzt, nächste größere Stadt. Ich BIN in der Stadt.« Callcenter: »Herr Meier. Ich kann Ihnen nicht helfen, wenn Sie mir nicht sagen, welche größere Stadt in der Nähe von Barmbek liegt.« Meier: »Was ist noch größer, keine Ahnung: Berlin vielleicht?« Callcenter: »Aha. Na geht doch.

Wenden Sie sich bitte in Berlin an den Kundendienst« (nennt Adresse). Glauben Sie, dass Herr Meier noch einmal ein Produkt von diesem Konzern kauft?

Die Jungen wachsen mit so etwas auf, Sie sind für so etwas zu alt. Endlich kapiert?

In Ihrer Firma kriegt gerade jemand einen Herzinfarkt

Die Einschläge kommen jetzt näher. Und zunehmend trifft es Kollegen, die jünger sind als Sie. Immer öfter hält ein Krankenwagen mit Blaulicht vorm Firmentor. Und immer öfter fahren die Sanitäter kopfschüttelnd wieder weg. In der Firma herrscht heute mehr Druck, als Sie gewohnt sind. Von oben kommt die Anweisung: zehn Prozent einsparen, egal wie! Kaum durchgesetzt: noch mal zehn Prozent einsparen! Das Klima ist zunehmend vergiftet, denn jeder kann der Nächste sein. Inkompetenz und Missmanagement herrschen oftmals dort, wo früher Qualität, Sachkunde und Menschlichkeit als Werte hochgehalten wurden. Sie können es noch nicht mal jemandem übel nehmen. Die Konkurrenz hat schon alle ihre Werke nach Riga verlegt. Der erste Betrieb aus Ihrer Branche ist sogar schon nach Afrika gegangen. Da kommt es einem fast wie Satire vor, wenn ein Textilhersteller im TV-Spot laut rufend durch eine Werkshalle mit lauter fleißigen Näherinnen schlurft und wie der letzte Mohikaner stur bleibt: »Ich produziere nur in Deutschland!« Ausgerechnet ein Affe (!) klatscht dazu Beifall: Was im Werbespot eher peinlich rüberkommt, hat einen ernsten Hintergrund. Wer sich deutsche Löhne und Nebenkosten leistet, der kriegt wirklich nur noch von Affen Beifall.

Es ist Zeit, wenn Sie das richtige Alter erreicht und vielleicht noch den einen oder anderen Euro extra kriegen können, genau jetzt den Laden zu verlassen und sich auf etwas Neues zu konzentrieren. Es ist kein Segen mehr drin in Ihrer Firma. Oder wollen Sie der Nächste sein, wegen dem der Krankenwagen am Firmentor hält?

Ihr größter Widersacher, diese Niete, ist jetzt Chef

Gehen Sie ruhig noch mal hin, wenn Sie auf Rente sind. Sie werden das höchstens ein-, zweimal machen und dann nicht mehr. Erstens tut es weh, dass man Sie anscheinend so gar nicht vermisst. »Na, wie ist das so auf Rente?«, werden Sie gefragt, aber da ist kein Interesse in den Augen des Fragestellers, sondern Sie erkennen die höfliche Leere dahinter. Das ist eine rein rhetorische Frage, und die Gesprächsdauer wird maximal von Fahrstuhltür zu bis 5. OG reichen. »Du, entschuldige, aber ich muss in ein Meeting, wir sehen uns …«

Die meisten Kollegen gönnen Ihnen ein freundlich grinsendes »Hallo«, wenden sich dann aber wieder ihrer Arbeit zu. Da läuft keiner durch die Flure, reißt die Türen auf und schreit: »Leute, der XY ist wieder da, kommt mal alle her!« Na ja, das hatten Sie ja so auch nicht erwartet. Aber ein bisschen mehr Freundlichkeit, Interesse und wahre Anteilnahme an Ihrem neuen Leben?

Zweitens haben inzwischen garantiert diejenigen Karriere gemacht, denen Sie es am wenigstens zugetraut hätten. Kaum sind Sie nämlich weg, übernehmen die Nieten den Laden. Und Ihr größter Widersacher, der wirklich von nichts eine Ahnung hat, der nicht einmal einen Hund, geschweige denn Menschen führen kann, der ist jetzt Chef. Und macht auch noch auf nett! Nimmt sich Zeit für Sie! Wimmelt sogar ein Telefonat ab, um satte fünf Minuten mit Ihnen zu plaudern! Warum ist der so scheinheilig? Logisch: Sie sind ihm nicht mehr gefährlich, er hat Sie ausgebootet, und jetzt kann er getrost und risikofrei auf jovial machen. Ist das nicht widerlich?

Ihr ganzes Berufsleben lang haben Sie versucht, Schleimer und Nichtskönner zu enttarnen und ihnen den Weg nach oben mit möglichst vielen Steinen beschwerlich zu machen. Junge Talente hingegen haben Sie gefördert und Ihnen mit dem Gewicht Ihrer langsam herangereiften Lebenserfahrung treu zur Seite gestanden. Sie haben immer für den Erhalt von Werten gekämpft. Mogelpackungen haben Sie niemals akzeptiert. Und den Erfolg, den die Firma hatte, den verdankte sie genau solchen Werte-Erhaltern und Mogelpackung-Enttarnern, wie Sie einer waren. Es ist seltsam: Kaum drehen Sie der Firma den Rücken, gelten ganz andere Werte! Wer am lautesten krakeelt und die schwachsinnigsten Ideen hat, der gilt jetzt als Genie! Und das Schlimmste: Außer Ihnen scheint das keiner zu merken! Es ist so, als hätten Sie beim Ausräumen Ihres Schreibtisches alle guten Firmengeister versehentlich in Ihrem Aktenkoffer eingesperrt und mit rausgeschleust. Das ist nicht mehr Ihre Welt. Aber es muss ja auch gar nicht mehr Ihre sein. Schauen Sie nach vorn und nicht zurück. Lassen Sie die Idioten ihren eigenen Untergang beschleunigen. Und gehen Sie nicht mehr hin: Sie werden sich sowieso nur ärgern.

Ihre Firma zieht bald nach Polen

Es kann gut sein, dass sich die Ratschläge aus dem vorigen Grund demnächst für Sie sowieso erübrigen. Dass Sie gar keine Gelegenheit mehr haben werden, noch einmal in Ihre Firma reinzuschauen. Es sei denn, Sie nehmen sich eine Woche Zeit und die Qual der Reise über polnische Autobahnen auf sich. Möglicherweise spielt da oben in der Führungsetage schon lange einer mit dem Gedanken, die ganze Produktion in ein Billiglohnland zu verlegen! Da können Ihre Exkollegen sogar noch froh sein, wenn es »nur« Polen ist, denn von dort kommt man ja wenigstens zu Weihnachten noch weg (wenn die Bahn fährt). Der Umzug einer Firma ist immer ein schwerwiegender Eingriff in das Privatleben aller Mitarbeiter. Der eine hat gerade ein Haus gebaut, der andere hat Kinder im schulpflichtigen Alter, beim dritten weiß die Frau ganz genau, dass sie nie wieder so einen guten Arbeitsplatz finden wird, beim vierten geht das mit dem Umzug gar nicht, weil er nämlich pflegebedürftige Eltern zu Hause hat, und beim fünften kommt alles zusammen: Haus gebaut, Kinder in der Schule, berufstätige Frau und auch noch Eltern in Pflege. Es ist mitunter erstaunlich, wie wenig Rücksicht viele Unternehmen auf derlei private Schicksale nehmen. Aber andererseits muss man dafür natürlich Verständnis haben, wenn die Arbeitsplätze (oder wenigstens ein Teil von ihnen) nur so zu sichern sind. Ja, natürlich geht es niemals um »alle« Mitarbeiter! Denn sonst könnten die ja auch gleich dort bleiben, wo sie sind. Es geht darum, den Großteil der Produktion in einem Billiglohnland von einheimischen Arbeitern übernehmen zu lassen und nur einen gewissen Teil der Stammbelegschaft mitzunehmen. Da Sie nun aber kein kleines Licht in der Firma sind, wären Sie garantiert dabei. Also müssten Sie nun noch einmal ganz von vorne anfangen, und da fragt man sich doch automatisch: Will man das wirklich? So mit Anfang 60 noch mal ganz von vorn, mit neuer Wohnung, neuem Umfeld, alles zurücklassen, was man sich aufgebaut hat? Und dann sitzt man so da beim Personalchef, lehnt sich entspannt zurück und weiß genau, was der denkt: Diese Stelle kann ich schon mal einsparen, denn der geht garantiert nicht mit. Mal sehen, wie weit ich ihn runterhandeln kann. Und da lehnt sich der Personalchef genauso entspannt zurück wie Sie, und man plaudert über dies und jenes, und irgendwann bewegt sich jemand zuerst, und der hat verloren. Wie viel Kohle Sie rausholen, das liegt nun an Ihrem Verhandlungsgeschick. Aber auch, wenn es nicht so viel ist: Machen Sie die Fliege, gehen Sie nicht mit nach Polen. Zeigen Sie der Firma den Mittelfinger.

Ihre Firma wird demnächst zerschlagen

Wir wollen hier nicht den Teufel an die Wand malen, aber die Zeichen stehen auf Sturm. Es kann gut sein, dass Sie zur letzten Generation von Arbeitnehmern gehören, die noch zur Firma in der bisherigen und vielleicht schon jahrhundertealten Form gehören. Demnächst ist möglicherweise gar nichts mehr so, wie Sie es gewohnt sind. Denn neue Investoren haben sich relativ *unfriendly* in die Firma eingekauft, das Management übernommen und werden schon bald die einzelnen Filetstücke gewinnbringend verschachern. Die Firma schafft sich ab. Es gibt sie einfach nicht mehr. Wenn Hochtief im Spätherbst 2010 nicht die Scheichs aus Katar ins Boot geholt hätte, wären die Spanier schon heute beim Zerschneiden des Kuchens. Aber vielleicht sind sie es trotzdem, wenn es dieses Buch im Laden zu kaufen gibt. Wer von den Hochtief-Arbeitern hätte jemals gedacht, dass so etwas möglich sein würde? Seit der Finanzkrise ist alles möglich, und vielleicht hatten wir die richtige Finanzkrise noch gar nicht. Früher war so eine große Firma wie ein Fels in der Brandung, eine Lebensversicherung, ein Garant für alles. Bei Hochtief zu arbeiten, das war so sicher wie ein Beamtenjob, denn es gab immer genug Arbeit. Ganze Familien sind zu Hochtief gegangen und waren stolz darauf. Aber das ist eben nicht mehr so. Und heute kommt keine Kanzlerin, stellt sich vor die Belegschaft und ruft: Ich rette euch! Nee, das ist vorbei (Schröder war der letzte Kanzler, der das gemacht hat, und genützt hat es auch nichts). Die Kanzlerin rettet den Euro (vielleicht), aber nicht Ihre Firma.

Vielleicht können Sie ganz froh sein, dass Sie schon knapp vor Rente sind. Vielleicht ist es gut, wenn Sie noch so eben die Kurve kriegen. Die Zeiten werden keinesfalls besser. Sie werden eher schlechter. Lassen Sie jetzt doch bitte mal los und gehen Sie nach Hause.

Sie werden schon wieder Oma und Opa

Für die ganz Unbelehrbaren sei es noch einmal gesagt: Bei jedem Enkelkind, das Sie nicht hautnah aufwachsen sehen, geht Ihnen ein beträchtliches Stück Lebensqualität verloren. In diesem Buch war ja schon sehr ausführlich die Rede von der wichtigen Rolle, die Großeltern im Leben ihrer Enkel spielen. Haben Sie das vielleicht nur überflogen und gar nicht genau gelesen? Sonst wären Sie nicht hier, im letzten Teil des Buches, wo es um die extrem Beratungsresistenten geht. Ihr nächster Enkel braucht Sie nun wirklich!

Sie sollen ihn wickeln. An Ihrer Hand soll er die ersten Schritte machen. Sie sitzen an seinem Bett und erzählen ihm spannende Märchen. Sie lesen ihm vor. Sie stehen unten, wenn er auf seinen ersten Baum klettert. Sie ziehen mit ihr, wenn es eine Enkelin ist, die erste Barbiepuppe an. Sie richten mit der Kleinen die Puppenstube ein. Sie bringen das Enkelkind in den Kindergarten. Sie holen es wieder ab. Sie sind mit auf dem Foto, wo es die große Tüte zur Einschulung umklammert. Sie gucken auf die Hausaufgaben. Sie hören sich dasselbe Blockflötenlied zum hundertsten Mal an. Sie sind beim ersten Liebeskummer der Tröster. Sie vermitteln die entscheidenden Werte, die für das ganze Leben wichtig sind. Sie sind Ansprechpartner, wenn das Kind gegen die eigenen Eltern rebelliert. Sie spielen Mensch-ärgere-Dich-nicht oder Schach mit dem Kind, wenn sonst keiner mit ihm spielt. Sie hören sich alles an. Sie sind nach den Eltern (oft genug noch vor den Eltern) der wichtigste Mensch im Leben des Kindes. Und das macht Sie jung. Das hält Sie fit. Das macht Sie glücklich. Es gibt keinen Grund, warum Sie das verpassen sollten. Außer, dass Sie sich eben in der Firma für unentbehrlich halten. Aber dass Sie nicht unentbehrlich sind, haben wir ja schon nachgewiesen.

Sie sind der letzte Jahrgang
mit anständiger Rente

»Die Rente ist sicher.« Wem wächst da seit Jahren eine Pinocchio-Nase, war das nicht Norbert Blüm? Von dem spricht heute keiner mehr, aber den Spruch hat man noch in den Ohren, und man kann heute nur hohnlachen darüber. Nix ist sicher, und die Rente schon mal gar nicht. Der Euro frisst uns auf, wir sind die Zahlmeister, alles geht den Bach runter, jedes Jahr sind die Nachrichten von Ihrer Lebensversicherung etwas schlechter als im Vorjahr, keiner kann etwas dafür, alle waschen ihre Hände in Unschuld, Sie kriegen vielleicht noch 70 Prozent von dem, was Sie sich einmal erträumt haben, das ist aber nur noch die Hälfte wert, weil die Preise davongaloppieren, nur bleibt Ihre Rente mitsamt der Lebensversicherung hängen, und wenn da mal ein oder zwei Prozent mehr drin sind, dann ist das gar nix. Die sind schon weg, bevor Sie das erste Bierchen getrunken haben.

Es wird alles grausam, und immer mehr Rentner werden künftig unter der Brücke schlafen müssen. Bevor es so weit ist, sollten Sie die Kurve kriegen und sich Ihr eigenes Lebensmodell für die nächsten und letzten Jahrzehnte ausdenken. Noch geht es einigermaßen. Seien Sie heilfroh, dass Sie jetzt auf Rente gehen dürfen und nicht erst dann, wenn das System zusammenbricht. Heute gehen Sie noch zum Arzt, zahlen Ihre zehn Euro Praxisgebühr, sitzen zwar unanständig lange im Wartezimmer, aber irgendwann werden Sie wenigstens noch behandelt und kriegen auch noch Ihre OP, wenn es sein muss, die Kasse zahlt, und eine Reha ist vielleicht auch noch drin.

Ja, meinen Sie wirklich, dass es in zehn Jahren immer noch so entspannt zugeht im Gesundheitswesen? Glauben Sie echt, dass Ihre Kinder auf Rente noch mit zehn Euro hinkommen? Dass der Arzt sie überhaupt ins Sprechzimmer lässt? Der macht dicht! Der sagt: Aus, Ende, ich kriege kein Geld für diesen Patienten, also behandele ich ihn auch nicht! Notfälle, okay. Wenn man Blut spuckt, wird man wohl noch vorgelassen. Aber unser ganzes Gesundheitssystem ist derart marode und überholt, dass sich die Generation Ihrer Kinder staunend an die goldenen Zeiten erinnern wird, als es noch alles gratis gegeben hat. Vorbei!

Gehen Sie jetzt auf Rente, nehmen Sie alles mit, was Sie kriegen können, und danken Sie dem lieben Gott dafür, dass Sie heute keine 30 mehr sind. Es wird fürchterlich.

Alte werden demnächst irgendwie entsorgt

Es ist doch die Frage, wie es eigentlich weitergehen soll in diesem Land. Tatsache ist, dass wir alle immer älter werden, und damit werden wir Älteren auch immer teurer. Glauben Sie, das Staatsgefüge verkraftet die Riesenzahl von Rentnern noch jahrzehntelang? Wovon denn? Der Staat ist längst pleite. Immer weniger Berufstätige müssen immer mehr Rentner mitfinanzieren. Heute kriegst du noch mit 85 die dritte künstliche Hüfte auf AOK-Kosten, aber doch nicht mehr in 30 Jahren! Schon melden sich die ersten Politiker und hinterfragen, ob man denn tatsächlich auf Kosten der Versichertengemeinschaft wirklich jedes Zipperlein finanzieren muss. Das ist fies und gemein, denn schließlich haben wir Älteren ja unser ganzes Leben lang in den großen Topf eingezahlt. Aber jetzt ist Deutschland eben pleite, die Versicherungen können sich uns Ältere nicht mehr leisten, und das wird natürlich Konsequenzen haben.

Vor einigen Jahren gab es mal einen bedrückenden, aber in Teilen auch skurrilen Science-Fiction-Film im Fernsehen, der sich mit diesem Thema befasste. Da wurden alle Alten und Schwachen aus Deutschland in ein riesiges Auffanglager in Afrika verfrachtet, wo sie so vor sich hin vegetieren durften. Der Staat sparte Milliarden, weil er die ganzen Alten los war. Das war natürlich nicht real. Aber dieser Film zeigte ganz klar, wo der Trend hingeht: Kein Politiker wird sich künftig mehr für die vielen Millionen älteren Menschen einsetzen. Auch darum ist schön, dass wir heute alt werden und nicht erst in 20 oder 30 Jahren. Was da auf die nächste Generation zukommt, darüber mag man gar nicht grübeln! Danken Sie dem Schöpfer dafür, dass Sie jetzt auf Rente gehen dürfen, wo sie wenigstens noch halbwegs erträglich ist. Besser wird's nimmer. Schlechter garantiert.

Was für eine Freude, wenn die eigenen Erben lange Gesichter machen

Der Autor dieses Buches weiß natürlich nicht, ob Sie ein gläubiger Mensch sind. Ob Sie also ganz fest davon ausgehen, dass Sie eines Tages auf einer Wolke sitzen und auf die Erdenbürger hinabschauen werden. Wenn das aber der Fall sein sollte, hätte der Autor hier noch einen interessanten Gedanken für Sie.

Stellen Sie sich einmal vor, Sie sind nun verstorben, sitzen auf besagter Wolke und kriegen alles mit, was da unten so gemacht, getan und besprochen wird.

Da sind nun Ihre Erben. Das Geld, das Sie ihnen hinterlassen haben, das nahmen sie gern. Aber bereits eine Woche später kriegen sie sich darüber in die Haare und sprechen wahrscheinlich kein Wort mehr miteinander. Denn einer ist garantiert dabei, der sich als raffgierig erweist.

Auf Ihrem Grab wuchert das Unkraut, aber keiner macht es weg. Nach einem Monat spricht eigentlich keiner mehr so richtig von Ihnen. Das Geld wird verprasst. Das Unkraut wuchert immer noch. Sie, da oben auf der Wolke, würden sich jetzt doch wenigstens ein bisschen Grabpflege wünschen, oder?

Dauert nicht lange, dann kommen die Erben nur noch zu Ihrem Geburtstag oder zum Todestag ans Grab, machen auf betroffen und falten die Hände, schnappen sich die Friedhofsgießkanne und kippen etwas Wasser aufs Unkraut, stehen noch einen Moment so da, gucken dann aber schon auf die Uhr: O, schade, Opa, ich muss ja das Kind abholen, und tschüs. Ihr Geld, das haben sie gerne genommen.

Wissen Sie was, Erben sind insgesamt eine böse, selbstsüchtige, fiese, gnadenlose und gefühlskalte Mischpoke. Man sollte ihnen wirklich nichts gönnen. Denn wenn Sie wirklich da oben auf der Wolke sitzen könnten und Ihr eigenes Haltbarkeitsdatum in den

Köpfen Ihrer Erben überprüfen würden, dann wären Sie sehr enttäuscht darüber, wie schnell Sie sich in Luft auflösen.

Morgen ist Opas Todestag! O, da müssen wir aber ans Grab! Ja, mach du mal. Ich hab keine Zeit. Ach je, schon wieder Omas Geburtstag vergessen. Schatz, ist eigentlich noch was übrig vom Erbe? Nee, alles fürs Haus draufgegangen. Ach je, der Opa. Hat ja auch gut gelebt und alles draufgehauen, sonst hätten wir heute mehr. Je oller, je doller! Na, und sein Testament war ja wohl echt daneben. Wen der alles bedacht hat, so was von gemein! Wer hat sich denn die ganzen Jahre um den gekümmert?

Das kostet und kostet, diese Grabstelle. Wir hätten ihn lieber einäschern sollen. Oder Seebestattung, da haste nur einmal Kosten. Ja, hab ich doch gesagt, aber du wolltest ja unbedingt ein Grab. Ich? Ich doch nicht! Du warst das doch! Wie lange müssen wir das eigentlich noch zahlen? 30 Jahre oder so, keine Ahnung. 30 Jahre? Wieso wir? Ruf doch deine Schwester an! Die soll sich auch dran beteiligen. Schließlich hat sie doch die ganzen Briefmarken geerbt, die blöde Kuh. Wo wir doch den Alten die ganzen letzten Jahre an der Backe hatten. Aber die war sich zu fein dafür.

So hören Sie die Menschen streiten und zicken, wenn Sie oben auf der Wolke sitzen. Da gibt es wirklich nur eine Alternative: Verprassen Sie sofort alles, was Sie haben, behalten Sie nur so viel zurück, wie Sie vermutlich noch brauchen werden, zocken Sie auf ein bestimmtes Sterbedatum und beten Sie zu Gott, dass Sie nichts zu vererben haben werden. Raus mit der Kohle. Keinen Euro den Erben. Sie sind es nämlich nicht wert.

Noch im Grabe werden Sie an dieses Buch denken

Zumindest auf dem Sterbebett. Denn es wird der Tag kommen, an dem Sie sich wünschen, Sie hätten die hier beschriebenen 111 Gründe für eine frühe Rente rechtzeitig inhaliert und verinnerlicht, anstatt sie nur lächelnd zur Kenntnis zu nehmen.

Es ist der Tag, an dem Sie Ihr Ende nahen sehen. Da werden Sie dann ganz klein. Denn es könnte sein, dass jeder dieser 111 Gründe, wenn Sie ihn denn ernst genommen hätten, Ihr nunmehr recht begrenztes Leben um wenigstens einen Monat verlängert hätte, und 111 Monate sind 9,25 Jahre, und auf dem Sterbebett hätten Sie die schon ganz gerne noch zur Verfügung.

Also, Sie geben mit 85 den Löffel ab, aber wenn Sie auf dieses Buch gehört hätten, dann wären Sie noch mit 94 und ein paar Tagen mehr gut drauf und würden vielleicht beim Sex sterben, was ja eines jeden Menschen Traumvorstellung ist (na ja, zumindest die Männer fänden das nicht schlecht).

Man müsste doch sowieso im Voraus denken können. Also: Heute trifft man Entscheidungen, die man vielleicht in einem Jahr schon wieder bereut. Am besten wäre es, wenn man die Gegenwart aus der Sicht der Zukunft betrachten könnte, aber das hat der liebe Gott nicht so eingerichtet. Man muss eben heute entscheiden, was man macht. Und keiner hat eine Ahnung, ob es richtig ist. Denn die Zukunft liegt im Nebel. Nur rückwärts haben wir klare Sicht.

Daraus resultiert, dass Sie sich heute für Ihre letzten Jahrzehnte entscheiden müssen, ohne auch nur im Geringsten zu wissen, ob Ihre heutigen Enscheidungen überhaupt die richtigen sind. Sie entscheiden in den Nebel der Zukunft hinein. Und ganz egal, was Sie jetzt machen: ob Sie sich an Ihre Firma klammern, ob Sie sich auf die Rente freuen, ob Sie einen Neustart hinlegen oder im Rentenloch ertrinken – immer werden Sie erst rückblickend wissen, ob es gut gewesen ist.

Und nun fangen Sie dieses Buch noch einmal von vorne an. Denn erst jetzt sind Sie reif dafür, es zu begreifen: Es geht um Sie – um den Nebel der Zukunft – um richtige oder auch falsche Entscheidungen – und vielleicht um 9,25 Jahre Ihres Lebens ... Wer weiß?

Sie können es ja doch nicht ändern

Was unaufhaltsam näher kommt, damit soll man nicht hadern. »Herr, gib mir die Kraft, das hinzunehmen, was ich nicht ändern kann ...« Sie haben keine Möglichkeit, der Rente zu entkommen. Also tun Sie gut daran, sie zwar als notwendig, nicht jedoch als Übel zu betrachten. Auch wenn Ihnen die Zeit des »Nichtstuns« als grauenhafte Zukunftsperspektive erscheint und Sie im Moment noch das Gefühl haben, mit Eintritt des Rentenalters schlagartig um Jahre zu altern: Nützt ja nix, wenn Sie sich grämen! Machen Sie das Beste draus. Reißen Sie sich zusammen und gewinnen Sie diesem unabänderlichen Lauf der Zeit so viele gute Seiten wie möglich ab! Anregungen genug gibt es ja in diesem Buch: von der »To do«-Liste mit den zahlreichen unerfüllten Wünschen über die vielen neuen spannenden Projekte, die jetzt auf Sie warten, bis hin zu den Tipps für eine glückliche Rentner-Ehe und was man, falls verwitwet, gegen die Einsamkeit tun kann. Für das positive Herangehen an den letzten Lebensabschnitt, die innere Gelassenheit und die notwendige Zuversicht, dass sich schon alles irgendwie zum Besseren wenden wird, müssen Sie jedoch selber sorgen; da kann ein Buch nur Hilfestellung geben und Denkmodelle anbieten. Letztlich sind Sie selbst dafür verantwortlich, ob Ihre Rentenjahre ein psychisches Desaster oder eine super Zeit werden. Sagen wir es mal so: Auf Rente zu müssen oder zu dürfen, ist so wie das viel zitierte halb gefüllte Glas. Sie können es halb leer oder halb voll nennen. Es liegt im Auge des Betrachters. Alles ist eine Frage der inneren Einstellung und wie Sie an das Thema herangehen.

Die Vorfreude könnte sich verlängern

Neulich traf ich meinen Chef. Er sitzt in Berlin und ich lebe in Norddeutschland. Darum treffen wir uns nicht so oft. Ich halte es mit ihm wie Goethes Mephisto mit dem Herrgott: »Von Zeit zu Zeit seh' ich den Alten gern, und hüte mich, mit ihm zu brechen ...« Mein Chef schaute mich also an und fragte: »Wie alt bist du eigentlich?« Hm. Mein Chef fragt nie etwas ohne Grund. Also versuchte ich, seine Hintergedanken zu erraten, und antwortete: »Drei Jahre noch bis zur Rente, denn ich bin 62.« Er schüttelte nachdenklich den Kopf und sprach: »Du gehst nicht vor 67.«

So weit die schlechte Nachricht, dachte ich. Denn allzu viele Projekte, mit denen ich eins werden möchte, warten schon auf mich und sind bereits in die Wege geleitet; nur die blöde (wenn auch eigentlich ganz schöne) Berufstätigkeit hindert mich noch daran, sie zu verwirklichen. Was würde ich also tun, wenn meine Firma mich gar nicht gehen lassen wollte?

Das wäre natürlich nicht nur eine schlechte Nachricht, sondern man müsste ihr (siehe vorigen Grund) umgehend auch gute Seiten abzugewinnen versuchen. Da ist zunächst die erfreuliche und bauchpinselnde Wertschätzung, die man ja offensichtlich seitens der Firma genießen würde, wenn es denn so käme. Zweitens ist natürlich auch der finanzielle Segen ein Positiv-Faktor: Sollte man freiwillig auf zwei Jahresgehälter und all die anderen netten Extras, die man sich im Laufe des Berufslebens erarbeitet hat, verzichten? Die Lebensversicherung wird ja trotzdem ausgezahlt! Drittens müsste man sich in den beiden Zusatzjahren nicht mehr krummlegen, denn fürs Grobe sind die Jüngeren zuständig und man kann sich wahrscheinlich künftig die Rosinen aus dem Kuchen picken bzw. halblang machen. Viertens würde sich die Vorfreude aufs entspannte Rentnerleben noch etwas verlängern, und Vorfreude ist bekanntlich die schönste Freude. Also wenn da jemand kommt und macht Ihnen ein hübsches Verlängerungsangebot, sagen Sie nicht gleich Nein. Aber wahrscheinlich kommt keiner: weder zu Ihnen noch zu mir.

Und nun tun Sie's doch:
Sie schreiben vielleicht ein Buch

Wissen Sie noch? Ganz am Anfang hatte ich erwähnt, dass Sie dieses Buch ebenso gut auch selber hätten schreiben können und dass Ihr Leben so prallvoll mit Erlebnissen war, dass Sie dringend Ihre Lebenserinnerungen zu Papier bringen sollten. Darauf möchte ich zum Schluss noch einmal zurückkommen. Heute ist der richtige Tag, um mit Ihren Memoiren zu beginnen. Stellen Sie sich eine gute Flasche Wein neben den Computer und fangen Sie einfach mittendrin an. Schreiben Sie kreuz und quer. Sortieren können Sie Ihre Lebenserinnerungen später immer noch. Schreiben Sie so, wie Ihnen der Schnabel gewachsen ist bzw. so, wie Sie sprechen. Ich würde fast darauf wetten, dass Sie sich schon nach dieser Flasche Wein wie verrückt auf die Rente freuen werden, damit Sie Ihr Werk vollenden können. Für die Rentenzeit brauchen Sie jetzt noch ein Lebensmotto. Mein Vorschlag: »Gelobt sei, was Spaß macht.«

Schlusswort

Der Rente bin ich beim Schreiben dieses Buches ein gutes Stück näher gekommen. Zeitlich betrachtet, war es nur ein kleines Stück: Einige Monate sind ins Land gegangen, und die Zeit bis zur Rente wurde dadurch natürlich verkürzt. Aber nicht so viel. Gedanklich betrachtet, war es jedoch ein großes Stück. Man schreibt ja kein Buch über die Vorzüge der nahenden Rente, ohne dabei die eigene ganz private Situation zu reflektieren! Und so wird es Ihnen auch ergangen sein, während Sie dieses Buch gelesen haben: Plötzlich zeigt sich der letzte Lebensabschnitt nicht mehr als Bedrohung, sondern als Chance, als Verheißung, als Lottogewinn, als Angebot, als Neustart, ja, mehr noch, als das wahre Glück.

Es ist für niemanden leicht, auf Rente zu gehen, wenn man über 40 Berufsjahre hinter sich hat. Aber es gibt so vieles, was den sogenannten »Lebensabend« spannend macht, dass man ihn eigentlich grundsätzlich immer zu spät beginnen lässt. Manch einer arbeitet sich kaputt und hat am Ende überhaupt nichts mehr davon. Wollen wir – Sie und ich – hier dazugehören? Nein, bestimmt nicht. Sie und ich, wir werden es allen noch mal so richtig zeigen. Dies ist wirklich kein Buch übers »Aufhören« geworden, sondern ein Buch übers »Durchstarten«. Egal, ob Sie sich fürs Angeln am Teich oder für die Gründung einer neuen Firma entscheiden: Es ist die Rente, die Ihnen die Chance dazu gibt.

Ich persönlich wähle übrigens beides: angeln am Teich und eine neue Firma. Aber wieso eigentlich nur eine …?

Hamburg / Pellworm, im Frühling 2011
Hauke Brost (www.haukebrost.de)

Danksagung

Ein Dankeschön geht an all die Rentner, die mir für dieses Buch von ihrem Glück erzählt haben, aber auch von schwierigen Phasen der Renten-Depression. Manche werden staunen, dass sich ihre eigenen Worte hier eins zu eins wiederfinden! Ein Dankeschön geht an Seniorenberater Christian Freymann von der Hamburger Agentur »Beratung und Service für Menschen mit Kreativ-Potenzial«, die Neustarter im Rentenalter coacht und ihnen zur erfolgreichen Selbstständigkeit verhilft. Ein Dankeschön geht wie bei jedem meiner Bücher an meine Frau. Du bist ein wunderbarer Grund, so bald wie möglich für immer zu Hause zu bleiben!

Bitte beachten Sie auch die Hinweise
auf den folgenden Seiten.

DER AUTOR

Hauke Brost ist 62 und freut sich auf die Rente. Er schrieb schon die Bestseller »Wie Männer ticken«, »Wie Frauen ticken« u.a. Der Chefreporter einer großen Boulevardzeitung lebt in Hamburg und auf der Nordseeinsel Pellworm.

Hauke Brost
111 GRÜNDE, SICH AUF DIE RENTE ZU FREUEN
Ein Loblied auf das, was nach der Arbeit kommt

ISBN 978-3-89602-586-9
© bei Schwarzkopf & Schwarzkopf Verlag GmbH, 2011
2. Auflage Februar 2011

KATALOG
Wir senden Ihnen gern kostenlos unseren Katalog
Schwarzkopf & Schwarzkopf Verlag GmbH / Abt. Service
Kastanienallee 32 | 10435 Berlin
Telefon: 030 – 44 33 63 00 | Fax: 030 – 44 33 63 044

INTERNET | E-MAIL
www.schwarzkopf-schwarzkopf.de
info@schwarzkopf-schwarzkopf.de